Minerva Shobo Librairie

はじめての子ども家庭福祉

遠藤和佳子

［編著］

ミネルヴァ書房

はじめに

　自分自身が子どもだったときのことを思い出してみると，子どものころの私は，一生懸命に何かを考え，何かを楽しいと感じ，何かを愛おしみ，何かに悲しみ，何かに悩み，何かに怒ったりしたように思います。子どもはいつも一生懸命に，自分で何かを感じようとしながら成長していく存在なのではないでしょうか。彼らが考え，愛おしみ，悩んだりしていることは，大人からすれば，とるに足らないことのように見えるときもあるかもしれません。しかし，子どもは自分自身の心でさまざまなことを感じ，自分自身の頭でたくさんのことを精一杯学び，考えようとする「主体的な存在」なのです。

　フランスの作家であるサン＝テグジュペリは，『星の王子さま』という本の序文の中で，こんな言葉を書いています。

　　おとなは，だれも，はじめは子どもだった。しかし，そのことを忘れずにいるおとなは，いくらもいない。

　私たちは大人になると，つい自分が子どもだったときのことを忘れて，彼らが手をさしのべなければ生きていけない，か弱い，「受動的な存在」だと考えてしまいがちなのです。子どもを「主体的な存在」としてしっかりと認識し，子どもが自らの力で感じ，考え，行動する中で成長していこうとすることをサポートし伴走することは，大人たちの果たすべき役割なのではないでしょうか。では，そういったことは，どうすれば可能になるのでしょうか？

　「子ども家庭福祉」がいま模索し考え実践し続けているのは，そのことで

す。本書では,「子ども家庭福祉」におけるいまのすがたを学ぶことができるはずです。そのときに貫かれている「子ども家庭福祉」の価値は,「子どもやその家族が自分自身で幸せを追求したいと願う力を信じること」, そして「彼らが笑いさざめくことができるように伴走すること（彼らの代わりに何かをしてあげることではなく）」です。

　そして「子どもが,その家族,地域等の中で『愛』につつまれながら安心して成長できるようにすること」です。「子ども家庭福祉」においては,子どもやその家族に対する「愛」を社会で広く共有していけるようにする努力が続けられています。

　私たちの一人ひとりが子どもやその家族に「愛」を注いでいけるような社会——もし本書がきっかけになって,読者の皆さんが,そんな社会を一緒に目指していこうと思って頂けるなら,編者としてこれほど嬉しいことはありません。先に挙げたサン＝テグジュペリの次の言葉のように。

　　真実の愛は無限です。与えれば与えるほど大きくなる。

2017年1月

遠藤和佳子

　　　　　目　　次

　はじめに

　第1章　子ども家庭福祉とは何か……………………………1
　　1　子どもとは何か……………………………………………1
　　　　（1）子どものとらえ方　1
　　　　（2）法制度からみる「子ども」　2
　　2　子どものソーシャルワークのゆくえ………………………4
　　　　（1）戦後日本における子どものソーシャルワークの変化　4
　　　　（2）伝統的な「児童福祉」と新たな「子ども家庭福祉」の違い　5
　　3　子ども家庭福祉の意義と枠組み……………………………7
　　　　（1）子ども家庭福祉の意義　7
　　　　（2）子ども家庭福祉の枠組み　9
　　4　子どものソーシャルワークの原理…………………………12
　　　　（1）児童憲章　12
　　　　（2）児童の権利に関する条約　13
　　　　（3）新しい児童福祉法の理念　14

　第2章　子ども家庭福祉を取り巻く社会状況……………19
　　1　変わりゆく社会……………………………………………19
　　2　子ども・家庭をめぐる社会状況の変化……………………22
　　　　（1）人口の減少と少子化　22
　　　　（2）未婚化・非婚化・晩婚化　23
　　　　（3）家庭における子どもの養育力の低下　30
　　　　（4）子育て不安に伴う子ども虐待の現状　30
　　　　（5）子どもの貧困　31

  3 ゆらぐ家族像をみすえた子ども家庭福祉へ………………………… 34

第3章　子ども家庭福祉のあゆみ……………………………………… 37

 1 歴史を学ぶ意味………………………………………………………… 37

 2 日本の子ども家庭福祉の歴史………………………………………… 37

  （1）明治以前の子ども家庭福祉　37
  （2）明治時代の子ども家庭福祉　38
  （3）大正時代から戦前までの子ども家庭福祉　40
  （4）戦後の子ども家庭福祉　42

 3 欧米の子ども家庭福祉の歴史………………………………………… 47

  （1）近代化以前の子ども家庭福祉　47
  （2）近代国家成立以降の子ども家庭福祉　47
  （3）第2次世界大戦後の子ども家庭福祉　49

第4章　子ども家庭福祉の法体系 ……………………………………… 53

 1 児童福祉法……………………………………………………………… 53

 2 児童福祉六法…………………………………………………………… 56

  （1）児童福祉六法とは　56
  （2）母子及び父子並びに寡婦福祉法　56
  （3）児童手当法　57
  （4）児童扶養手当法　57
  （5）特別児童扶養手当等の支給に関する法律　57
  （6）母子保健法　58

 3 子ども家庭福祉に関連する法律……………………………………… 58

  （1）次世代育成支援対策推進法　58
  （2）男女共同参画社会基本法　59
  （3）育児・介護休業法　60
  （4）子ども・子育て支援法　62
  （5）児童虐待の防止等に関する法律　63
  （6）配偶者からの暴力の防止及び被害者の保護等に関する法律　64
  （7）売春防止法　64

（8）児童買春・児童ポルノに係る行為等の規制及び処罰並びに
　　　　　児童の保護等に関する法律　65
　　　（9）発達障害者支援法　65
　　　（10）子どもの貧困対策の推進に関する法律　67

第5章　子ども家庭福祉の実施体制……………………………………69

1　子ども家庭福祉行政の仕組み……………………………………69
　　　（1）国レベルの子ども家庭福祉行政の仕組み　69
　　　（2）地方レベルの子ども家庭福祉行政の仕組み　70
　　　（3）児童相談所　71
　　　（4）福祉事務所と家庭児童相談室　74
　　　（5）子ども家庭福祉行政に関する関連機関　74

2　子ども家庭福祉のための施設………………………………………76
　　　（1）児童福祉施設の種類と運営　76
　　　（2）社会的養護のための施設　77
　　　（3）障害児施設　80
　　　（4）健全育成のための施設　82
　　　（5）母子・父子福祉施設　83
　　　（6）婦人保護施設　83

3　子ども家庭福祉の財源と費用負担……………………………………84
　　　（1）子ども家庭福祉を推進するための財源　84
　　　（2）児童福祉施設の整備に係る費用　84
　　　（3）児童福祉施設等の運営に係る費用　85
　　　（4）利用者負担　87

第6章　子ども家庭福祉にかかわる専門職………………………………91

1　子ども家庭福祉と専門職……………………………………………91
　　　（1）子どもと家庭を支える公的機関の福祉専門職　91
　　　（2）子どもと家庭を支える施設等の福祉専門職　93
　　　（3）子どもと家庭を支える福祉関連分野の専門職　97
　　　（4）子どもと家庭を支える地域の人びと　99

2　子ども家庭福祉に関連する分野の機関……………………………102
　　　　（1）教育機関　102
　　　　（2）保健所・保健センター　102
　　　　（3）裁判所　103
　　　　（4）警　察　103

　　3　専門職と子どもの権利……………………………………………103
　　　　（1）子ども家庭福祉と子どもの権利　104
　　　　（2）子どもの権利を守るために　104

第7章　社会的養護を必要とする子どもへの支援……………………109

　　1　社会的養護とは何か………………………………………………109
　　　　（1）社会的養護の体系　109
　　　　（2）社会的養護の現状　109

　　2　社会的養護の理念・原理…………………………………………114
　　　　（1）社会的養護の基本理念　114
　　　　（2）社会的養護の原理　116

　　3　社会的養護のこれから……………………………………………119

第8章　子ども虐待とその対策…………………………………………123

　　1　子ども虐待の定義…………………………………………………123
　　　　（1）児童虐待の防止等に関する法律による定義　123
　　　　（2）子ども虐待における4タイプ　124
　　　　（3）広がる定義　125

　　2　わが国における子ども虐待の状況………………………………126
　　　　（1）内容別・相談経路別・子どもの年齢別の子ども虐待相談件数　127
　　　　（2）虐待に至った実母たちが抱える問題とは　131

　　3　子ども虐待に対する対策…………………………………………131
　　　　（1）要保護児童対策地域協議会　131
　　　　（2）子育て世代包括支援センターの設置　133

第9章　ひとり親家庭への支援……………………………………137

1　ひとり親家庭の概念と現状……………………………………137
（1）ひとり親家庭とは　137
（2）ひとり親家庭の現状　138

2　ひとり親家庭が抱える課題……………………………………140
（1）生活困窮　140
（2）権利侵害　143
（3）世代間連鎖　144

3　ひとり親家庭への支援施策……………………………………145
（1）ひとり親家庭への支援施策の動向　145
（2）ひとり親家庭への支援施策の内容　146

4　地域におけるひとり親家庭支援の拠点——母子生活支援施設………153
（1）母子生活支援施設の概要　153
（2）母子生活支援施設における支援　153
（3）地域における母子生活支援施設の役割　154

第10章　母子保健・医療サービス……………………………………157

1　母子保健の目的と社会環境……………………………………157
（1）母子保健の目的　157
（2）女性の結婚と労働　157
（3）母子保健の指標　158

2　母子保健施策のあゆみ…………………………………………159
（1）母子保健法成立前の施策　159
（2）母子保健法制定以降の体制　159
（3）母子保健法改正後の施策　159

3　母子保健・医療サービスの現状………………………………160
（1）保健事業　160
（2）医療対策　166

4　健やか親子21……………………………………………………167

5　母子保健と切れ目のない支援の展開……………………………………………167
　　　　（1）子育て支援・児童福祉との連携　167
　　　　（2）学校保健や思春期への対応　168

第11章　子ども・子育て支援……………………………………………………171

　1　子育て支援とは……………………………………………………………171
　　　　（1）子育て支援が求められる背景　171
　　　　（2）子育て支援の目的　172

　2　子育て支援策………………………………………………………………172
　　　　（1）子育て支援策の流れ　172
　　　　（2）子ども・子育て支援新制度　174
　　　　（3）子育て当事者や地域住民による支援　177

　3　子どもの健全育成施策……………………………………………………178
　　　　（1）子どもの健全育成とは　178
　　　　（2）児童厚生施設　179
　　　　（3）放課後児童健全育成事業　180
　　　　（4）地域組織活動　180

第12章　障害児福祉サービス……………………………………………………183

　1　障害児福祉にかかわる理念………………………………………………183
　　　　（1）ノーマライゼーションの思想　183
　　　　（2）ICIDHからICFへ　184

　2　わが国の法律にみる障害児（者）の定義………………………………185
　　　　（1）障害者基本法　185
　　　　（2）児童福祉法　185
　　　　（3）身体障害者福祉法　186
　　　　（4）知的障害者福祉法　187
　　　　（5）精神保健及び精神障害者福祉に関する法律　187
　　　　（6）発達障害者支援法　187
　　　　（7）手帳制度　188

3　障害児の支援に関する制度……………………………………………189
　　　　（1）児童福祉法に基づくサービス　189
　　　　（2）障害者総合支援法に基づくサービス　191
　　　　（3）サービス利用の流れと支給決定　193
　　　　（4）保護者等への経済的支援　193
　　4　福祉・保健・医療・教育機関の連携と保護者への支援……………194

第13章　保育サービス………………………………………………………197
　　1　保育サービスとは……………………………………………………197
　　　　（1）保育及び保育サービスとは　197
　　　　（2）保育サービスを取り巻く現状　198
　　2　保育サービスの種類…………………………………………………199
　　　　（1）子ども・子育て支援新制度における保育サービスの種類　199
　　　　（2）保育所・幼稚園・認定こども園　199
　　　　（3）地域型保育事業　202
　　　　（4）その他の保育サービス　202
　　3　子ども・子育て支援新制度における保育サービスの利用…………203
　　　　（1）保育認定とは　203
　　　　（2）国が定める「保育を必要とする事由」　204
　　　　（3）保育サービス利用までの流れ　205
　　4　待機児童の問題………………………………………………………206
　　　　（1）待機児童問題の変遷　206
　　　　（2）保育士不足の問題　207
　　　　（3）利用者支援事業の特定型　207

第14章　非行問題に関するサービス………………………………………209
　　1　非行とその種類………………………………………………………209
　　　　（1）非行少年とは　209
　　　　（2）非行少年の種類　209
　　　　（3）非行問題にかかわる法律　211

2　非行問題の現状……………………………………………………………212
　　　　（1）少年犯罪の件数と年齢　212
　　　　（2）非行問題の背景　215
　　3　非行問題への対応…………………………………………………………216
　　　　（1）児童相談所における対応　216
　　　　（2）家庭裁判所における対応　216
　　　　（3）児童自立支援施設における対応　217
　　　　（4）少年院における支援　218

第15章　これからの子ども家庭福祉のあり方…………………………221
　　1　ソーシャルワークに関するグローバルな定義…………………………221
　　2　子ども家庭福祉のこれからのあり方……………………………………222
　　　　（1）子どもの権利　222
　　　　（2）子どもへの貧困対策　223
　　　　（3）社会的養育のあり方　226
　　　　（4）スクールソーシャルワークの活用　230

索　引

第1章 子ども家庭福祉とは何か

1 子どもとは何か

(1) 子どものとらえ方

「子ども」とは何だろうか。もしあなたがこう質問されたなら,どのように答えるだろうか。

精神的にまだ成熟しきっていない存在が,「子ども」だと答える人がいるかもしれない。しかし,20歳を超えている人でも,精神的に成熟しきっていない者はいるだろう。そういった人たちを,子ども家庭福祉の領域において「子ども」と扱うべきなのだろうか。また身体的に成熟していないことを,「子ども」の定義とする人もいるかもしれない。しかし,この定義もまた,「子ども」とは何かの答えとしては不十分である。いったい,身体的に成熟しているというのは,どういう状態のことか明確ではないからである。

このように,「子ども」とは何かについて明確に定義することは困難である。しかも,それは社会・文化・時代のあり方に大きく影響される。社会・文化・時代のあり方が異なるだけで,何をもって「子ども」とするのかも大きく異なってくるのだ。たとえばフィリップ・アリエス (P. Ariès) というフランスの歴史家は,中世の西洋社会では子どもが無垢で愛されるべき存在として考えられてはおらず,「小さな大人」として大人たちと同じ対応をされていたと主張している。それが近代社会に入ると,純粋でけがれなき存在として「子ども」が見なされるようになり,「子ども期」なるものが発明されたと言う。

このように子どものとらえ方は,「誰が」「いつ」「どの視点から」「何のために」語るのかによって多様なものとなってしまうのだ。こういった限定をつけたうえで,ここでは,福祉的な視点から子どもをとらえている山縣の定義を挙げておこう。[1]

① 「子どもは,一個の独立した人格,独立した主体である」
　子どもといえども,独立した人格である。たとえ親権者である親の意志であろうと,子どもの意志に反して重要な事項をすべて決定できず,親が適切な意思決定をしない場合には社会的介入がおこなわれる。
② 「子どもは,受動的権利と能動的権利を同時に有する存在である」
　子どもは社会的に守られるべき権利（受動的権利）を持つと同時に,自分の感情・意志・意見を表現し主張する権利（能動的権利）を持っている。
③ 「子どもは,成長・発達する存在である」
　子どもは身体的にも,精神的にも,社会的にも発育途上にあり,成長・発達する存在である。家族・地域・社会は,子どもの成長・発達を包括的（インクルーシブ）かつ適切に見守っていかなくてはならない。

（2）法制度からみる「子ども」

　では法制度からみると,「子ども」はどのように定義されるのだろうか。次に,このことについて見ていくことにしよう。わが国の法制度を見ていくと,年齢を基準として「子ども」を定義しているものが多く,①18歳未満のものを指す場合,②18歳に達する日以後の最初の3月31日までの間にあるものを指す場合,③20歳未満のものをさす場合,④年齢を定めない場合の4つに分類できる。

　① まず18歳未満のものをさす場合の法律は,「児童福祉法」「児童買

春・児童ポルノに係る行為等の規制及び処罰並びに児童の保護等に関する法律（児童買春・児童ポルノ禁止法）」がそれにあたる。「児童福祉法」では児童をさらに乳児（満1歳に満たない者），幼児（満1歳から小学校就学の始期に達するまでの者），少年（小学校就学の始期から満18歳に達するまでの者）の3つに分けている。

② 次に18歳に達する日以後の最初の3月31日までの間にあるものをさす場合に該当する法律は，「児童扶養手当法」「児童手当法」「子ども・子育て支援法」で，これらは18歳に達しても手当の支給を年度の途中で打ち切らないための方策である。

③ 20歳未満のものをさす場合に該当する法律は，「母子及び父子並びに寡婦福祉法」「特別児童扶養手当等の支給に関する法律」がそれである。「少年法」ではこれを少年として定義しており，少年をさらに犯罪少年（14歳以上で刑罰法令に触れる行為を犯した少年）・触法少年（14歳に満たないで刑罰法令に触れる行為をした少年）・虞犯少年（20歳未満で，その性格または環境に照らして，将来，罪を犯し，または刑罰法令に触れる行為をするおそれのある少年）の3つに分けている。

④ 年齢を定めない場合に該当する法律としては，「民法」が挙げられる。民法ではただ，「いまだ成年に達しないもの」という成年の否定形で20歳未満の者を「未成年」とよんでおり，「児童」や「子ども」に関して積極的な定義が行われていない。

その他，「学校教育法」では幼児（小学校就学の始期に達するまでの者），学齢児童（小学生）・学齢生徒（中学生）・生徒（高校生），学生（大学生）と区分している。さらに「道路交通法」では，幼児（小学校就学の始期に達するまでの者）・児童（6歳以上13歳未満）と区分しており，「労働基準法」では15歳未満の者を児童，「未成年者喫煙禁止法」・「未成年者飲酒禁止法」では20歳未満の者を未成年と呼んでいる。

このように見ていくと，わが国の法制度による「子ども」の定義もまた，「どの視点から」「何のために」語るのかによって多種多様であることがわかるだろう。

2　子どものソーシャルワークのゆくえ

子どものソーシャルワークに関する領域は，いま，どのような方向へ向かおうとしているのだろうか。このことを述べるにあたり，まず，戦後の日本では，子どものソーシャルワークがどのように変化してきたのか考えてみよう。

（1）戦後日本における子どものソーシャルワークの変化

1945（昭和20）年に第2次世界大戦が終結したが，戦後直後の日本では，空襲などで住む家や親を失った戦災孤児が街にあふれた。その数は12万人とも言われている。戦災孤児たちは同じ境遇の子どもたちだけで生活するものも多く，靴磨きなどの仕事に従事したりした。また窃盗を働く者もおり，治安のためにも，こうした戦災孤児に衣食住を与えることがとにかく必要とされた。その意味で，戦後の日本では子どものソーシャルワークは「保護的な視点」を重視することから始まったと言える。

だが，それは一人ひとりの子どもたちに対して，あくまで対処療法的に対応することにとどまるものであり，明確な理念のもとで行われているものではなかった。それが1947（昭和22）年になり「児童福祉法」がすべての子どもを対象に制定され，法や制度としても整備されていくことによって，「子どもの保護」は「児童福祉」へと移行していったのである。

さらに1970年代から1980年代頃になると，子どものソーシャルワークの領域では，虐待やいじめをはじめ，これまでになかった新たな問題が生じてきた。こうした問題に向き合っていくためには，子どもだけに注目するのは十

分とは言えず，家族に対してもサポートの視野を広げていく必要があると考えられるに至った。アンナ・フロイト（A. Freud）をはじめとする多くの研究者たちも，「子どもの情緒的・知的・道徳的能力は，真空のなかでではなく，家族の影響のもとで発達する」と主張し，子どもたちにとって生まれた家族が重要な環境となることを指摘しはじめたのである。こうした流れを受け，日本でも「児童福祉」にとどまらず，家族も巻き込んだ「児童家庭福祉」が議論されるようになった。

だが，この時期のソーシャルワークには，まだなお，どちらかと言えば，子どもを受動的存在としてとらえる傾向があった。子どもたちを保護されるべき存在ととらえ，いかにして彼らの生活を保障するべきかを方向づけるものとして，ソーシャルワークがとらえられてきたのである。

それが1989（平成元）年，国際連合の総会で「児童の権利に関する条約（以下，子どもの権利条約）」が採択された頃から変わり始める。ここにおいて，子どもを受動的存在としてとらえるのではなく，自己の可能性をきりひらく存在としてとらえるようになってきたのである。こうして，「子どもたちが自分の潜在的な可能性を開花させつつ，生き生きと暮らしていくことができるように福祉サービスが展開されていくべき」とする理念が，謳われるに至ったのである。その結果，「児童家庭福祉」は「子ども家庭福祉」と呼ばれることが多くなった。

（2）伝統的な「児童福祉」と新たな「子ども家庭福祉」の違い

高橋重宏は以上のような変化について，「ウェルフェア（救貧的・慈恵的・恩恵的歴史を有し，最低生活保障としての事後処理的，補完的，代替的な児童福祉）から，ウェルビーイング（人権の尊重・自己実現・子どもの権利擁護の視点からの予防・促進・啓発・教育・問題の重度化・深刻化を防ぐ支援的・協働的プログラムの重視）への理念の転換である」と要約している。彼は，伝統的な「児童福祉」と新たな「子ども家庭福祉」の違いを表1-1のように整理する。

表1-1 伝統的な「児童福祉」と新たな「子ども家庭福祉」

項　目	児　童　福　祉	子　ど　も　家　庭　福　祉
理　念	ウエルフェア 児童の保護	ウエルビーイング（人権の尊重・自己実現） 　子どもの最善の利益 　自己見解表明権 自立，自立支援 　エンパワーメント 　ノーマライゼーション
子ども観	私物的わが子観	社会的わが子観
対　象	児　童	子ども，子育て家庭（環境）
サービス提供 のスタンス	供給サイド中心	自立支援サービス 利用者サイドの権利の尊重
モ デ ル	Illness model	Wellness model
性格・特徴	救貧的・慈恵的・恩恵的 （最低生活保障）	権利保障（市民権の保障）
	補完的・代替的	補完的・代替的 支援的・協働的（パートナー）
	事後処理的	事後処理的 予防・促進・啓発・教育 （重度化・深刻化を防ぐ）
	行政処分・措置	行政処分・措置（個人の権利保障を担保） 利用契約
	施設入所中心	施設入所・通所・在宅サービスとのコンビネーション ケースマネージメントの導入 セイフティ・ネットワーク（安全網）
職　員	児童福祉司・心理判定員・児童指導員・保母・児童厚生員・教護・教母・母子相談員・家庭相談員等	児童福祉司・心理判定員・児童指導員・保育士・児童自立支援専門員・児童生活支援員・児童の遊びを指導する者・母子相談員・家庭相談員・医師・弁護士・保健師・助産師・看護師・教師などの多領域の専門職の連携
	民生委員・児童委員・主任児童委員・メンタルフレンド等	社会福祉士，精神保健福祉士，医療ソーシャルワーカー， 民生委員・児童委員・主任児童委員・メンタルフレンド・ホームフレンド等
費　用	無料・応能負担	無料・応能負担・応益性の強まり
対　応	相談が中心	相談・トリートメント・家族療法等
権利擁護	消極的	積極的 子どもの権利擁護サービス 　（救済・代弁・調整） ● 第三者機関の設置 　神奈川県子どもの人権審査委員会 　（Tel. 466-84-1616） 　東京都子どもの権利擁護電話相談員 　（TeL. 120-874-374） ● 子どもの権利・責任ノート等の配布 ● ケア基準のガイドライン化 ● 子ども虐待防止の手引き（厚生省） ● 子ども虐待対応の手引き（厚生省）

出所：高橋重宏『子ども家庭福祉論——子どもと親のウェルビーイングの促進』放送大学教育振興会，1989年，13頁。

伝統的な「児童福祉」はウェルフェアの理念に立脚したものであり，新たな「子ども家庭福祉」はウェルビーイングの理念に立脚したものである。ウェルフェアの理念のもとでは，子どもたちを保護されるべき存在ととらえ，最低生活の保障といった，どちらかと言えば事後処理的な問題解決を目指そうとしているのに対し，ウェルビーイングの理念のもとでは，子どもを自己の可能性をきりひらく存在ととらえ，彼らの自立をうながそうとしている。

　伝統的な「児童福祉」の対象はどちらかと言えば受動的な存在である「児童」であり，特徴としても「施設入所」が中心である。それに対して，新たな「子ども家庭福祉」の対象は「子ども」やその「家族」であり，特徴としても「施設入所」に限られず通所や在宅サービスを組み合わせたものとなっている。現在における「子ども家庭福祉」にあっては，子ども，家族といったクライエントたちが自分自身でみずからをとりまく環境や問題に目を向け，もう一度考え直す（reframing）ことに重きがおかれ，自己をとりまく環境を変えうるクライエント自身の力（strength）を引き出す（エンパワーする）自立支援にサービスの主眼がおかれているのである。

3　子ども家庭福祉の意義と枠組み

（1）子ども家庭福祉の意義

　子ども家庭福祉は，子ども，家庭，地域社会，社会全体という4つの側面に対して大きな意義をもっている[(2)]。

1）子ども

　子ども家庭福祉は，子どもの最善の利益（the best interests of the child）を追求するためにある。もちろん，そのことは，伝統的な「児童福祉」においても目指されていたことである。

　では，子ども家庭福祉は，そうした伝統的な「児童福祉」とどこが違うのか。それは，子どもたちが保護され，幸せに育てられるという受動的な側面

だけではなく，子どもたちが主体的に自分自身の幸せをめざしていこうとする能動的な側面も重視されているという点である。受動的権利（親や社会によって育てられ，必要な場合には，社会によって保護される権利）だけではなく，能動的権利（自ら，自分らしく育ち，生きる権利）を合わせて包括的に展開されることが，子ども家庭福祉においては強調されるのである。

2）家　　庭

子どもたちが主体的に自分自身の幸せをめざしていくためには，子どもにとって安全で安定した育ちの環境（パーマネントな環境）が必要不可欠となる。子ども家庭福祉は，そうした環境の最も重要なひとつとして家庭を挙げているのである。

ただし家庭は，子どもが育つ「環境」であるというだけではない。家庭は子どもが育つ「環境」であると同時に，家族一人ひとりが家庭を大事に思い，みずからの幸せをもとめていく「主体」でもある。そうした考えは，子どもの権利条約の制定（1989年）や国際家族年（1994年）などを経て顕在化してきた。子ども家庭福祉は，このように子どもと家庭の両方に焦点を合わせソーシャルワークを展開していこうとする。

3）地域社会

子どもやその家族が主体となって成長していく力（strength）を高めていくためには，地域に内在する多様な資源や力を積極的に有効活用していく必要がある。

しかし，高度経済成長以降，都市化の進展の中で人と人の結びつき（紐帯）が弱体化し，子どもたちを皆で育てるという地域の力が失われつつある。学校もまた校内暴力やいじめといった多くの問題をかかえるようになっており，子どもたちが安心して学び遊べる場とは必ずしも言えなくなってきている。こうした地域コミュニティの崩壊について，アメリカの社会学者であるロバート・パットナム（R. D. Putnam）は，『孤独なボウリング』という著書の中で警鐘をならしている。

図 1-1 子ども家庭福祉の枠組み

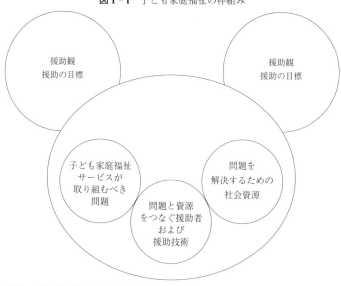

出所:山縣文治『子ども家庭福祉論』ミネルヴァ書房,2016年,22頁。

それゆえ子ども家庭福祉には,地域に再び活力を与え,再生させ,子どもを育てていくことのできる地域の力を取り戻していくための実践がもとめられているのである。

4) 社会全体

子どもは,社会にとって次世代を担う大切な存在である。子どもたちが明るく,生き生きと育ち,笑顔でいられることができなければ,社会は活力を失い,衰退していくだろう。社会を持続可能(sustainable)なものにしていくためには,子ども家庭福祉が担う意義は非常に大きい。

(2) 子ども家庭福祉の枠組み

次に,子ども家庭福祉の枠組みを述べていく(3)。その際には,図1-1にあるように,援助観・援助の目標,子ども家庭福祉サービスが取り組むべき問

題，問題を解決するための社会資源，問題と資源をつなぐ援助者および援助技術，という要素の総体として子ども家庭福祉を考えていくことが，適切でわかりやすいだろう。

1）援助観・援助の目標

まず最も重要となるのが，子ども家庭福祉における援助観・援助の目標である。子ども家庭福祉はどのような人間像・子ども像に基づいて，どのような援助観のもと，何を理念として展開されるのか，そして，その最終の目標はどこに設定されるのか。

これらのことを明確にするにあたり，いまの時代の人間像・子ども像として子ども家庭福祉が強調しているのは，何と言っても，「能動的な人間としての子ども・家族」である。その際，誰に援助を行うのかを決めるのは，行政機関や制度ではない。すなわち，行政や制度によって「援助されるのは誰か」が決められる，「選別主義」的な援助観ではなく，みずからが幸せになりたいと願うすべての子どもや家族に援助を行うという，「普遍主義」的な援助観が中心となっている。

2）子ども家庭福祉サービスが取り組むべき問題

援助観・援助の目標の次には，子ども家庭福祉サービスの取り組むべき問題が明確にされなくてはならない。

福祉サービスの内容は，何を「取り組むべき問題」とするかで大きく変わるが，問題の質そのものは，時代や社会とともに大きく変化していく。たとえば現在，子ども家庭福祉の問題として取り上げられている虐待，いじめ，子どもの貧困，子育て不安といった問題の質は，かつてと大きく変化している。いま問題として設定されているいじめは，かつてのあり方と質的に大きく変化しているはずである。

また，どのような立場やどのような政策からアプローチされるかでも，「取り組むべき問題」はまったく異なってくる。子どもの貧困を福祉政策からアプローチするのと，労働政策からアプローチするのとでは，問題の見え

方はまったく変わってくるだろう。

　したがって時代や社会状況の中で問題の本質がどこにあるのかを的確につかみ，適切な立場や政策からアプローチしていくことが，子ども家庭福祉サービスの内容を決めるうえで決定的に重要となる。

3）問題を解決するための社会資源

　子ども家庭福祉の問題が設定されたならば，その問題を解決するための社会資源を明瞭にしていくことが必要となる。

　たとえば虐待が問題であるケースにおいては，児童相談所などの相談機関を利用することが考えられる。また，それでも子ども虐待を誘発してしまうようなケースでは，子どもを親から引き離し，児童養護施設や乳児院などに措置することも考えられる。ほかにも虐待リスクが高い親を対象にした，ペアレンティング・スキル（親であるための技術）を向上させるプログラムもある。

　このように援助サービス，援助機関，福祉制度など多様な資源をピックアップしながら，問題の解決をはかっていくことが必要となる。物品やサービスなどを購入する利用券（バウチャー）をはじめとする貨幣資源，さまざまな法制度の制度的資源，支援を実際に行う人的資源，施設などの組織的資源など，多種多様な資源を幅広く活用し組み合わせていくことが大切になる。

4）問題と資源をつなぐ援助者および援助技術

　社会資源が明瞭になれば，自動的に問題が解決されるかというと，決してそうではない。そもそも利用者自身が，自分の問題に気づいてさえいない状況もあるし，問題に気がついていても，世間体から資源を利用することをがまんしている状況もある。また，一体どのような資源があり，どうすれば利用できるのかわからない状況もある。

　それ以外にも，利用者が表明しているのではないことが，実は問題であるという状況もある。「子どもの発達が心配だ」と母親が言っていても，実はそれが問題なのではなく，夫との関係がうまくいっていないなどの家族関係の修復こそが問題であったりする場合もあるのだ。

このような状況を前に問題の本質がどこにあるのかを見抜き，利用者のエンパワメントをめざして資源をうまくつないでいく役割を，社会福祉士・保育士といった援助者や，彼らの援助技術（ソーシャルワーク，ソーシャル・ケースワーク，コミュニティーワーク，ケアマネジメント，保育技術など）は担っていくのである。

4　子どものソーシャルワークの原理

では本章の最後に，子どものソーシャルワークの原理とされているものを簡単に整理しておこう。

（1）児童憲章

児童憲章は，1951（昭和26）年5月5日の「こどもの日」にわが国で初めて子どもの権利に関する宣言として制定されたものである。後述する児童福祉法が法的規範であるのに対して，この児童憲章は道義的規範であるとされている。

この児童憲章は，前文および12の条文で構成されている。とくに前文は，児童福祉の原理として大切なものであろう。児童憲章の前文は，以下のように始まっている。

> 「われらは，日本国憲法の精神にしたがい，児童に対する正しい観念を確立し，すべての児童の幸福をはかるために，この憲章を定める。
> 　児童は，人として尊ばれる。
> 　児童は，社会の一員として重んぜられる。
> 　児童は，よい環境の中で育てられる。」

（2）児童の権利に関する条約

　しかし児童憲章において明記されている子どものソーシャルワークの原理は，どちらかと言えば，子どもを受動的存在としてとらえるものであった。すなわち，子どもたちを保護されるべき存在ととらえ，いかにして彼らの生活を保障するべきかを方向づけるものであった。児童憲章の前文を見ても，「児童は，人として尊ばれる」「児童は，社会の一員として重んぜられる」「児童は，よい環境の中で育てられる」と，すべて「～される」と受動的に述べられている。そのため，自己の可能性をきりひらく存在として子どもをとらえ，彼ら自身の主体性に着目する視点が弱かったと言えよう。子どもをより能動的にとらえ，そこから児童福祉の原理を打ち出したものとして，児童の権利に関する条約（子どもの権利条約）がある。

　子どもの権利条約は，ジュネーブ宣言をもとに採択された児童権利宣言を条約化したものである。山縣は，これらジュネーブ宣言・児童権利宣言・子どもの権利条約の関係を，「社会権」と「自由権」の観点から整理している。[4]ここで「社会権」とは社会的・経済的・文化的に人間らしい生活を営むことができるように保障を受ける権利であり，「自由権」とはプライバシーの領域に対し国家などが権力的に介入することを排除し，個人が市民として自由に意思決定を行い，自由に生活をしていくための配慮を求めることができる権利のことである。

　山縣によると，ジュネーブ宣言の内容はほとんど「社会権」に関連する内容であるのに対し，児童権利宣言はジュネーブ宣言の内容をほとんど継承しながらも，それに加えて「自由権」の基本的事項をおさえたものになっている。[5]さらに子どもの権利条約では，児童権利宣言の内容を完全に吸収しつつ，より一層「自由権」の内容を増やしたものとなっている。具体的に言えば，第3条で「子どもの最善の利益」が謳われていたり，第12条で「意見表明権」，第13条で「表現・情報の自由」についての権利，第14条で「思想・良心・宗教の自由」についての権利，第15条で「結社・集会の自由」について

の権利，第16条で「プライバシィ・通信・名誉の保護」についての権利が保障されるなど，子どもが自己決定し自立するために重要な事項を前面におしだしたものとなっているのである。

このように子どもの権利条約では，子どもを能動的存在として強調している。この点でも子どもの権利条約は，現在の子ども家庭福祉のあり方を方向づける原理として大きな役割を果たしていると言えよう。

（3）新しい児童福祉法の理念

児童福祉法は1947（昭和22）年，戦後の混乱期の中で成立した法律である。これは，「要保護児童」にだけ適用されるものではなく，すべての子どもに関係するものである。また児童福祉法にあっては，子どもだけではなく妊産婦（第5条），保護者（第6条）も対象に含められている。この児童福祉法の第1条から第3条にわたって児童福祉の原理が述べられているが，それはどのようなものなのだろうか。

まず第1条では，子どもたちが心身ともに健やかに育成され，彼らの生活が保障されるべきだと謳われている。第2条では，子どもを健全に育成する責任を，子どもの保護者だけでなく国や地方公共団体も負うべきだと明記されている。そして第3条で，以上のことこそが児童福祉の原理であり，この原理がすべての子どもに関する法令の施行にあたって常に尊重されねばならないと述べられている。

この児童福祉法が，2016（平成28）年において大きく改正された。改正の特徴として，大きく2点を挙げることができる。

一つは，子どもの権利条約の内容をふまえた改正となっており，子どもを「保護の対象」から「権利の主体」へと位置づけ直した点である。そのため第1条の文章の主語は，「すべて国民は」から「全て児童は」へと変わっている（第1条）。

もう一つの特徴は，「家庭」の重要性を明確にした点である。虐待などに

よってどうしても家庭から引き離さざるを得ない場合でも，可能な限りで，里親，特別養子縁組，グループホームなど家庭的な環境で子どもを養育する必要性が述べられるにいたったのである（第3条の2）。

このように児童福祉法においても，子ども家庭福祉の理念が明確に打ち出されるようになったのである。以下は，児童福祉法第1条～第3条の3である。

「第1条　全て児童は，児童の権利に関する条約の精神にのつとり，適切に養育されること，その生活を保障されること，愛され，保護されること，その心身の健やかな成長及び発達並びにその自立が図られることその他の福祉を等しく保障される権利を有する。

第2条　全て国民は，児童が良好な環境において生まれ，かつ，社会のあらゆる分野において，児童の年齢及び，発達の程度に応じて，その意見が尊重され，その最善の利益が優先して考慮され，心身ともに健やかに育成されるよう努めなければならない。

②　児童の保護者は，児童を心身ともに健やかに育成することについて第一義的責任を負う。

③　国及び地方公共団体は，児童の保護者とともに，児童を心身ともに健やかに育成する責任を負う。

第3条　前2条に規定するところは，児童の福祉を保障するための原理であり，この原理は，すべて児童に関する法令の施行にあたつて，常に尊重されなければならない。

第3条の2　国及び地方公共団体は，児童が家庭において心身ともに健やかに養育されるよう，児童の保護者を支援しなければならない。ただし，児童及びその保護者の心身の状況，これらの者の置かれている環境その他の状況を勘案し，児童を家庭において養育することが困難であり又は適当でない場合にあつては児童が家庭における養育環境と

同様の養育環境において継続的に養育されるよう，児童を家庭及び当該養育環境において養育することが適当でない場合にあつては児童ができる限り良好な家庭環境において養育されるよう，必要な措置を講じなければならない。
　第3条の3　市町村（特別区を含む。以下同じ。）は，児童が心身ともに健やかに育成されるよう，基礎的な地方公共団体として，第10条第1項各号に掲げる業務の実施，障害児通所給付費の支給，第24条第1項の規定による保育の実施その他この法律に基づく児童の身近な場所における児童の福祉に関する支援に係る業務を適切に行わなければならない。
② 　都道府県は，市町村の行うこの法律に基づく児童の福祉に関する業務が適正かつ円滑に行われるよう，市町村に対する必要な助言及び適切な援助を行うとともに，児童が心身ともに健やかに育成されるよう，専門的な知識及び適切な技術並びに書く市町村の区域を超えた広域的な対応が必要な業務として，第11条第1項各号に掲げる業務の実施，小児慢性特定疾患医療費の支給，障害児入所給付費の支給，第27条第1項第3号の規定による委託又は入所の措置その他，この法律に基づく児童の福祉に関する業務を適切に行わなければならない。
③ 　国は，市町村及び都道府県の行うこの法律に基づく児童の福祉に関する業務が適正かつ円滑に行われるよう，児童が適切に養育される体制の確保に関する施策，市町村及び都道府県に対する助言及び情報の提供その他の必要な各般の措置を講じなければならない。」

注
(1)　山縣文治『児童福祉論』ミネルヴァ書房，2005年，33-34頁。
(2)　山縣文治『子ども家庭福祉論』ミネルヴァ書房，2016年，19-21頁。
(3)　同前書，21-25頁。
(4)　山縣文治，前掲書(1)，43頁。

(5) 同前書，43-46頁。

参考文献
遠藤和佳子・松宮満編著『児童福祉論』ミネルヴァ書房，2006年。
木村容子・有村大士編著『子ども家庭福祉』ミネルヴァ書房，2016年。
高橋重宏『子ども家庭福祉論――子どもと親のウェルビーイングの促進』放送大学
　教育振興会，1998年。
山縣文治『児童福祉論』ミネルヴァ書房，2005年。
山縣文治『子ども家庭福祉論』ミネルヴァ書房，2016年。

第2章　子ども家庭福祉を取り巻く社会状況

1　変わりゆく社会

　1945（昭和20）年に終戦を迎えた日本は，1950年代以降，復興を果たしていく。特に朝鮮戦争の軍需景気をきっかけにして始まった経済成長には，目をみはるものがあった。1960年代にも，ベトナム戦争，東京オリンピック，大阪万博による特需があり，日本の経済成長は持続し，「高度経済成長」の時代を迎えることになったのである。日本の産業構造は，農林水産業などの第1次産業を中心とするものから，鉱工業などの第2次産業を中心とするものへと大きく変化することになる。

　この時代，人びとの暮らしが経済的に豊かになったことは事実である。しかし，人びとの暮らしが豊かになる一方で，多くの問題が生じるようになった。たとえば多くの人びとが農林水産業から離れていき，工場が密集する都市部へと移住するようになったことが挙げられるだろう。都市部では人口の過密化が生じ，農村地域，山間部地域，漁村地域では人口の過疎化が生じるようになったのである。

　都市への急激な人口移動により，近隣にどんな人間が住んでいるのかさえ分からないことが当たり前のような状況が生じた。人びとは十分な人間関係を築くことさえままならず，冷たい「都市的なまなざし」にさらされながら生きていかざるを得なくなった（個人主義化する人間関係）。住宅問題や交通戦争もまた，深刻なものとなった。他方，農林水産業を中心とする地域では，地域社会を支えていかなければならない若者たちが減少し，地域共同体（コ

ミュニティ）の力が弱まるといったケースも目立つようになった。

　受験戦争が激化するのも，1970年代のことである。この頃，子どもたちの間で塾通いが一般化し，子どもたちから遊ぶ時間ばかりか，遊ぶ仲間まで奪うことにもなった。さらには，経済成長に目をうばわれるあまり，自然環境にあまり配慮しなかった結果，工場の大気汚染や水質汚染が人びとに深刻な影響を及ぼすようにもなった。こうして，子どもたちが豊かな自然にふれながら遊ぶことのできた多くの場所（空間）も，失われてしまった（遊ぶ仲間，遊ぶ時間，遊ぶ空間という「3つの"間"の消失」）。

　だが日本を「豊かな社会」にした高度経済成長も，1970年代中頃には終わりを迎える。同時に，日本の社会・経済状況にも，新たな変化が訪れる。たとえば産業構造は，その比重を，鉱工業を中心とする第2次産業から，ソフトウェアの開発や人びとに対するサービスを中心とする第3次産業に移していった。

　それに伴って人びとの価値観も，経済的な繁栄や物質的な享受を重視する価値観から，自己実現や自己表現を重視する価値観へと変わってきたのである。国民生活に関する世論調査の結果を見ても，1970年代中頃から1980年代はじめにかけて，「今後の生活において，これからは心の豊かさか，まだ物の豊かさか」という質問に対する回答において，「物質的にある程度豊かになったので，これからは心の豊かさやゆとりのある生活をすることに重きをおきたい」と回答する人の割合が，「まだまだ物質的な面で生活を豊かにすることに重きをおきたい」と回答する人の割合を上回るようになったのである（図2-1）。

　人びとの価値観がそのように変化する中で，女性も自らの生き方を主体的に模索し始め，社会進出を積極的に果たすようになった。かつて女性たちは，20代中頃に結婚するとともに離職し，子どもを生み，育て終わるとともに再就職するというライフサイクルをたどる人が多かったが，人びとのライフスタイルが多様化するとともに，女性も多様なライフサイクルのもとで，家庭

第2章 子ども家庭福祉を取り巻く社会状況

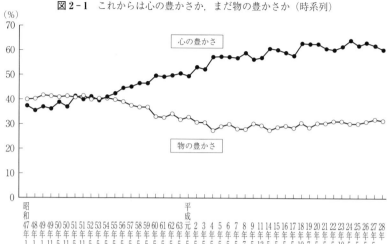

図2-1 これからは心の豊かさか，まだ物の豊かさか（時系列）

注：(1) 心の豊かさ→「物質的にある程度豊かになったので，これからは心の豊かさやゆとりのある生活をすることに重きをおきたい」
物の豊かさ→「まだまだ物質的な面で生活を豊かにすることに重きをおきたい」
(2) 平成27年5月調査までは，20歳以上の者を対象として実施，今回調査から18歳以上の者を対象として実施。
出所：内閣府「世論調査　平成28年版　国民生活に関する世論調査　2 調査結果の概要　図19-2」
（http://survey.gov-online.go.jp/h28/h28-life/zh/z19-2.html，2016年12月12日アクセス）。

だけではなく社会においても生きがいを見出すようになる。そのため共働き家庭が増え，保育ニーズも高まり多様化した（図2-2）。

さらには1990年半ば以降，バブル経済の好景気が終わり，長い不況期へと突入していく。この頃インターネットや携帯電話が爆発的に普及し，ネット社会が出現した。子どもたちがネット上でいじめを受けたり，人間関係に悩まされたりするケースが増えはじめ，子どもたち自身やその家庭に深刻な影響を与えるようになった。ゲームソフトの普及も子どもの遊び場所や遊び仲間を減らし，子どもたちを室内遊びに追いやったのである。

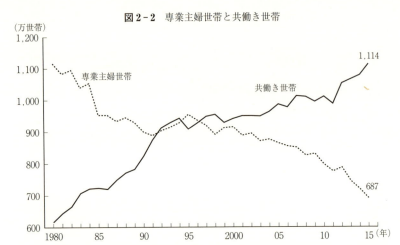

図2-2 専業主婦世帯と共働き世帯

注:(1)「専業主婦世帯」は,夫が非農林業雇用者で妻が非就業者(非労働力人口及び完全失業者)の世帯。
　(2)「共働き世帯」は,夫婦ともに非農林業雇用者の世帯。
　(3) 2011年は岩手県,宮城県及び福島県を除く全国の結果。
資料:厚生労働省『厚生労働白書』,内閣府『男女共同参画白書』(いずれも平成26年版),総務省「労働力調査(詳細集計)」(2002年以降)。
出所:労働政策研究・研修機構HP(http://www.jil.go.jp/kokunai/statistics/timeseries/html/g0212.html,2017年1月9日アクセス)。

2　子ども・家庭をめぐる社会状況の変化

(1) 人口の減少と少子化

　現在,わが国では,深刻な少子化問題に直面している。日本の人口が2008(平成20)年の1億2,808万人をピークに減少を続ける中,合計特殊出生率も非常に低い数字を示し続けている。

　合計特殊出生率とは人口統計上の指標とされているもので,一人の女性が一生の間に生む平均の子ども数に相当する。計算方法としては,女性が出産可能な年齢を15歳から49歳までと仮定した上で,15歳から49歳までの女性の年齢別出生率(各年齢の女性がその年に出産した子どもの数／各年齢の女性の数)

を合計するというものである。人口が一定に維持されていくための合計特殊出生率（人口置換水準）は，「2.07」であると言われている。この数値を下回ると現在の人口を維持できず，人口が減少すると言われる。

厚生労働省の「人口動態統計」を見ると，第1次ベビーブーム時の1949（昭和24）年における年間出生数は269万6,638人で，合計特殊出生率は「4.32」であり，第2次ベビーブーム時の1973（昭和48）年における出生数は209万1,983人で合計特殊出生率は「2.14」であった。出生率が非常に低かった1966（昭和41）年におけるひのえうまの年でさえ，その値は「1.58」にとどまっていた。それが1994（平成6）年に「1.50」を記録して以降，「1.45」以下で推移していったのである。2003（平成15）年には，とうとう「1.30」の値を下回ってしまい，2005（平成17）年には出生数と死亡数が逆転し，合計特殊出生率は「1.26」にまで減少した。

2006（平成18）年度以降では景気が少し回復したこともあって上昇方向へ転じ，2009（平成21）年には「1.37」，2010（平成22）年では「1.39」となった。2015（平成27）年の出生数は100万5,677人で，合計特殊出生率は「1.46」となっている。「1.45」を超えるのは，1994年以来21年ぶりのことで，出生数も5年ぶりに増えた（ただし死亡数から出生数を引いた人口の自然減は，過去最大の28万4772人を記録している）。しかし，2016（平成28）年の出生数は98万1,000人（推定）となる予定であり，100万人を割るのは132年ぶりとなる見込みである。このように，少子化の流れは今も進行中であり，こうした中で家族の力も急速に弱まりつつある（図2-3）。

（2）未婚化・非婚化・晩婚化

社会の変化に伴い，結婚することや子どもをもつことに対して，人びとの価値観も大きく変化した。未婚化・非婚化・晩婚化が進む現在の社会状況は，そのことを表すものであろう。「未婚」とは「結婚の意思があるにもかかわらず結婚していないこと」を指す。それに対して，「非婚」とは「自分のラ

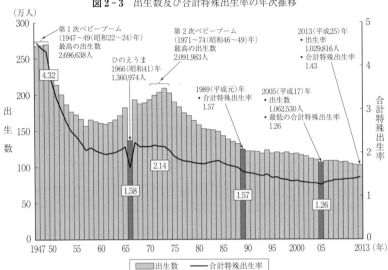

図2-3 出生数及び合計特殊出生率の年次推移

資料:厚生労働省「人口動態統計」。
出所:内閣府『少子化社会対策白書 平成27年版』4頁を一部修正。

イフスタイル・価値観として，すすんで結婚しない生き方を選択すること」を指し，「晩婚」とは「初婚年齢が高いこと」を指す用語である。

たとえば，35年前の1980（昭和55）年には，30～34歳で結婚していない人の割合は，非婚の人もあわせて男性が21.5％，女性が9.1％であった。ところが2010（平成22）年には，男性が47.3％，女性が34.5％となっている（図2-4）。また，生涯一度も結婚しない人の割合を示す「生涯未婚率」は，35年前の1980年で男性が2.60％，女性が4.45％であったのに対して，2010年には男性が20.14％，女性が10.61％と急激に上昇している（図2-5）。

国立社会保障・人口問題研究所によって2015（平成27）年に実施された第15回出生動向基本調査（結婚と出産に関する全国調査）によると，こうした結婚していない人の割合のうち，「非婚」を選択し，「一生結婚するつもりはない」と回答する人の割合もまた，年々増加傾向にある。1987（昭和62）年に

第 2 章　子ども家庭福祉を取り巻く社会状況

図 2-4　年齢別未婚率の推移

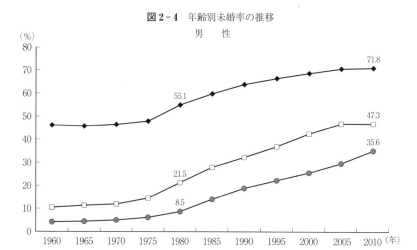

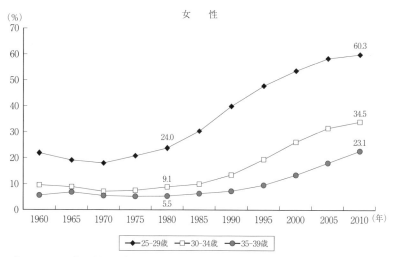

注：1960〜1970年は沖縄県を含まない。
資料：総務省「国勢調査」。
出所：図 2-3 と同じ，9頁。

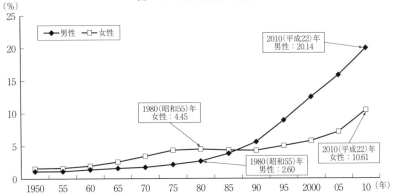

図 2-5 生涯未婚率の推移

注：生涯未婚率は，45～49歳と50～54歳未婚率の平均値であり，50歳時の未婚率。
資料：国立社会保障・人口問題研究所「人口統計資料集 2014」。
出所：図2-3と同じ，10頁。

は男性で4.5％，女性で4.6％だったのが，2015年には男性で12.0％，女性で8.0％と上昇している。

とはいえ「非婚」を選択する人の割合は全体としては多くはなく，2015（平成27）年の調査時点でも男性で85.7％，女性で89.3％の人が結婚する意志をもっている。ほとんどの人は，「いずれは結婚するつもり」と回答する「未婚」の人たちであった。

では，結婚していないほとんどの人びとが「いずれは結婚するつもり」と回答しているにもかかわらず，なぜ生涯未婚率が上昇しているのだろうか。その理由のひとつとして，人びとが直面する非常に厳しい経済状況を挙げることができる。

『少子化社会対策白書 平成27年版』によると，20～30代年間所得が非常に伸び悩み，20代では200万～300万円台の雇用者の割合が最も多く，30代では300万円台の雇用者の割合が一番多くなっていることがわかる（図2-6）。また完全失業率や非正規雇用割合の変化も，人びとの所得状況がかなり厳しいものであることを示している（図2-7）。こうした厳しい所得状況のまま

第2章 子ども家庭福祉を取り巻く社会状況

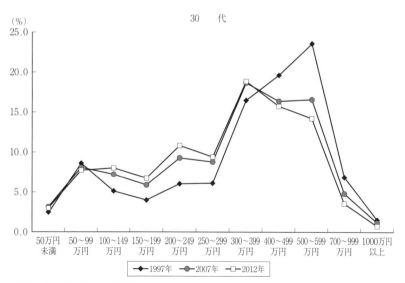

図2-6 収入階級別雇用者構成

資料：総務省「就業構造基本調査」。
出所：図2-3と同じ，15頁。

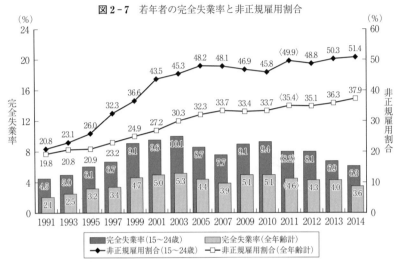

図2-7 若年者の完全失業率と非正規雇用割合

注：(1) 非正規雇用割合については，2001年までは「労働力調査特別調査」（2月調査），2002年以降は「労働力調査（詳細集計）」（1～3月平均）による。
　　　調査月（2001年までは各年2月，2002年以降は1～3月平均の値）が異なることなどから，時系列比較には注意を要する。
　　(2) 労働力調査では，2011年3月11日に発生した東日本大震災の影響により，岩手県，宮城県及び福島県において調査実施が一時困難となった。
　　　ここに掲載した，2011年の〈　〉内の数値は補完的に推計した値（2005年国勢調査基準）である。
資料：総務省「労働力調査」，「労働力調査特別調査」。
出所：図2-3と同じ，16頁。

では，いくら意志はあっても，結婚することが困難な人たちが多くなっているのである。

　その際には，人びとの結婚観にも，ある変化が生じている。それは，男女とも「精神的安らぎの場が得られる」や「愛情を感じている人と暮らせる」を結婚の利点として挙げる者が減り，「子どもや家族をもてる」や「親や周囲の期待に応えられる」「経済的に余裕がもてる」を利点として挙げる者が増えていることである。パートナーとの個人的な関係性のもとで得られる「精神的安らぎ」や「愛情」ではなく，自分の親や家族とともに経済的にゆとりをもって暮らしていくことを願う人びとが増えているのである（図2-8）。

第2章 子ども家庭福祉を取り巻く社会状況

図2-8 調査別にみた、各「結婚の利点」を選択した未婚者の割合

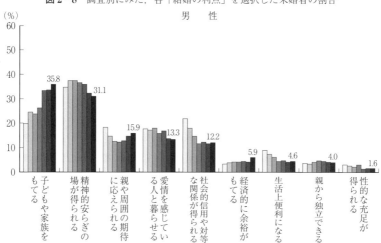

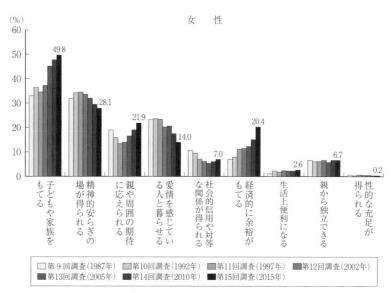

注：対象は18～34歳の未婚者。何％の人が各項目を主要な結婚の利点（2つまで選択）として考えているかを示す。グラフ上の数値は第15回調査のもの。
出所：国立社会保障・人口問題研究所「2015年社会保障・人口問題基本調査」「第15回出生動向基本調査結果の概要」7頁。

（3）家庭における子どもの養育力の低下

　家族のあり方が変容するとともに，現在，育児不安や育児ストレスに陥る人が増えている。かつての大家族では子育ても，祖父母，おじ，おば，兄弟といった多様な人びとによって担われていたが，核家族化することで家族の結びつきが弱まり，子育てについて誰に相談することもできなくなり，孤立感をつのらせてしまうケースが増加している。そのため育児を過度に負担に感じノイローゼになるケースも生じ，その結果，子ども虐待へと至っている。

　もちろん，「家庭における子どもの養育力の低下」はそれにとどまるものではない。保護者による過保護・過干渉・過期待，親子間のコミュニケーションの欠如あるいは過多といった現象に見られるように，家庭において適切な関係性を築けていないことも，家庭における子どもの養育力を低下させている一因となっているのである。モンスター・ペアレントの問題もこうしたことと無関係ではないだろう。それゆえ社会をあげて子育て支援を行っていくことが現在，切実に求められている。

（4）子育て不安に伴う子ども虐待の現状

　家庭における子どもの養育力が低下したことによって，虐待によって，その短い命をおとす子どもたちが後をたたない。たとえ生命まで奪われることがなくても，虐待は「子どもへの最大の人権侵害」であり，「身体的にも精神的にも，子どもたちに対して深刻な傷痕を残す」のである。

　厚生労働省の調査によると，全国の児童相談所で取り扱ったケースのうち，「虐待」として処理されたものは，1990（平成2）年では1,101件であったのが，翌年1991（平成3）年には1,171件，1992（平成4）年には1,372件と次第に増加する傾向にあった。その後も虐待件数の増加傾向は変わらず，1999（平成11）年にはじめて1万件以上となり，2015（平成27）年には10万3,260件（速報値）で，とうとう10万件を超えた。これには虐待に対する認識が高まり，相談や通報が増えたことに加え，対応する対象が広がったことも理由として

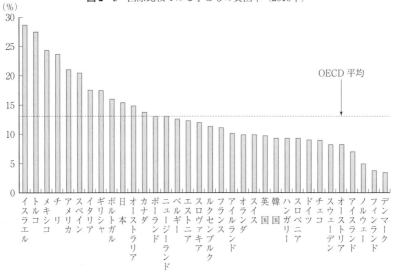

図2-9 国際比較でみる子どもの貧困率（2010年）

資料：OECD（2014）「家族関係指標（子どもの貧困）」をもとに山縣文治作成。
出所：山縣文治『子ども家庭福祉論』ミネルヴァ書房，2016年，186頁。

挙げられるが，家庭における子どもの養育力の低下も深刻な影をおとしていると言えるだろう。

（5）子どもの貧困

　国民総生産（GDP）とは，国の経済的な豊かさを表す指標のひとつである。このGDPを見ると，2015（平成27）年において日本は，アメリカ，中国についで世界で3番目に多い数値となっている。その点からすると，日本は，経済的に「豊かな社会」であると言える。しかし，その一方で子どもの相対的貧困率を見ると，「豊かな社会」というイメージとは違う実態が浮び上がってくる。

　子どもの相対的貧困率とは，「等価可処分所得の中央値の50％（貧困線）以下の所得で暮らす18歳未満のものの割合」を言う。この数字が大きいほど，

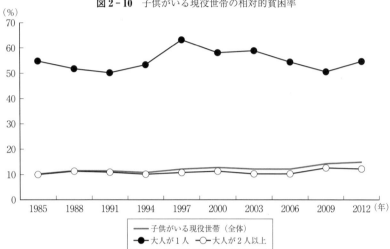

図2-10 子供がいる現役世帯の相対的貧困率

注：(1) 相対貧困率とは，OECDの作成基準に基づき，等価可処分所得（世帯の可処分所得を世帯人員の平方根で割って調整した所得）の中央値の半分に満たない世帯員の割合を算出したものを用いて算出。
(2) 平成6年の数値は兵庫県を除いたもの。
(3) 大人とは18歳以上の者，子供とは17歳以下の者，現役世帯とは世帯主が18歳以上65歳未満の世帯をいう。
(4) 等価可処分所得金額が不詳の世帯員は除く。
資料：厚生労働省「国民生活基礎調査」。
出所：内閣府『子供・若者白書 平成27年版』日経印刷，2015年，30頁。

貧困にあえぐ子どもたちが多いことになる。日本はOECD（経済協力開発機構）に加盟する34カ国中で10番目に子どもの貧困率が高い国となっている（図2-9）。

日本の相対的貧困率は年々上昇する傾向にあるが，中でもとくに大人が1人の世帯（ひとり親世帯）の相対的貧困率は2012（平成24）年で，実に54.6％となっている（図2-10）。これは，ひとり親家庭のうち半分以上の世帯が貧困線以下の所得で暮らしていることを意味する。ほかに，子ども数が5人以上の世帯では，相対的貧困率が50％を超え急激に高くなっている（図2-11）。

こうした貧困状況は，子どもたちに大きな影響を与える。たとえば貧困の

第2章 子ども家庭福祉を取り巻く社会状況

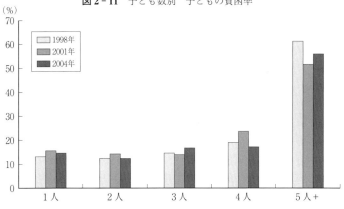

図2-11 子ども数別 子どもの貧困率

資料:「国民生活基礎調査」各年より筆者計算,p<0.0001。
出所:阿部彩『子どもの貧困——日本の不公平を考える』岩波新書,2008年,66頁。

ため満足な食事ができず栄養不足に陥ったり,病気のときでも十分な医療を受けさせることがかなわなかったり,貧困によるストレスから保護者が子どもを虐待してしまったり,貧困ゆえに朝から晩まで親が働き続け子どもたちだけで多くの時間を過ごさざるを得なくなったりする。このような影響は,教育にも現れる。

2012(平成24)年で経済的理由のために就学困難と認められ,就学援助を受けている小学生・中学生は約155万人となっている。就学援助率は,この10年間で上昇を続けており,2012(平成24)年度には過去最高の15.64%となっている。貧困のために,子どもたちに与えられるべき教育機会が脅かされる可能性は年々高まりつつある。とくに大学などの高等教育においては,奨学金を付与されない場合,貧困によって授業料が払えず大学を辞めざるを得なかったり,そもそも大学に進学することもできなかったりするのである。

これら子どもの貧困については,政府など公的機関からの支援をより一層整備していくことが重要となるだろう。各国が家族手当,出産・育児休業給付,保育・就学前教育,その他の現金・現物給付のために行った支出(家族

関係・社会支出）を見てみると，日本において，これらの支出が GDP において占める割合はわずか1.36％にとどまっているのである。それに対して，イギリスは3.78％，スウェーデンは3.46％であり，日本が低い水準にあることがわかる。子どもたちがこれからの日本で暮らしやすく住み続けられるために，他国の状況とも比較して，これら公的機関による支援施策を今一度冷静に見直し再考していくべき時が来ているのではないだろうか。

3 ゆらぐ家族像をみすえた子ども家庭福祉へ

ジョージ・ピーター・マードック（G. P. Murdock）という家族社会学者によると，家族のかたちは，大きく「核家族」と「合成家族」に分類されている。「核家族」とは，「一組の夫婦とその未婚の子どもたちからのみなる家族」のことであり，それに対して「合成家族」は，それ以外の家族のかたちを言う。この「合成家族」のうち，「親世帯と子ども世帯の同居など，ひとつの家族のなかに複数の核家族が含まれている家族」を「拡大家族」「一夫多妻または一妻多夫の家族」を「複婚家族」と呼ぶ。

この用語を用いつつ日本の家族のかたちを考えてみると，1960年代から1980年代にかけて社会状況が大きく変化するとともに，「拡大家族」というかたちが次第に衰退していった。それに代わって家族の主流となってきたのが，「核家族」だけからなるあり方である。すなわち，この時代に日本は家族の構造（かたち）や機能（役割）を大きく変化させ，近代的な家族のかたちへと移行していったのである。

このような家族のあり方は，4つの考え方を中心に成立していたと言われている。まず第1に，「恋愛が結婚に結びつく」とする考え方である。これは恋愛相手との情愛を深めることで，それが自然に結婚へと結びついていくと考えるものである。第2に，「結婚したら子どもをもうける」という考え方である。第3に，「母親は家庭にいるべき」とする考え方である。この考

え方のもとで,子どもをすこやかに育てるために,子どもが幼い間はとくに母親が専業主婦として家にいて,愛情を注ぐべきだとされた。最後に「子どもを中心に生活すべき」とする考え方である。これは,子どもを無垢な存在として,守られる対象だと考えるものである。

　以上のような考え方を背景に女性は,前述したように,高校や大学を卒業後に就職し,結婚と同時に家庭に入り,しばらく育児に専念した後にパートタイムなどで再び職に就いて,高齢になって離職していくというケースが多く見られた。この時期のわが国における女性の就業率が「M字型曲線」を描いていたのは,そのためである。

　しかし,以上のような家族のかたちは現在,大きくゆらぎはじめている。先にも見たように,未婚化・非婚化・晩婚化のもとで結婚しない人が多くなり,たとえ結婚しても少子化のもとで子どもをもうけない人も増えている。また結婚の利点として「精神的安らぎの場が得られる」や「愛情を感じている人と暮らせる」を挙げる人が減っていることからもわかるように,恋愛相手との情愛を深めることで,結婚に結びつくという考え方も今や決して当たり前のことではない。これまで当然のように考えてきたような家族観が,もはや成立しなくなっているのである。

　だが他方,家族は,子どもが育つうえで重要な環境であり続けているのも確かである。子ども家庭福祉に関するアメリカの研究者ピーター・ペコラ（P.J. Pecora）も,「人間というものは,自分にとって重要な環境のもとで,最善な形で理解され援助されるものである。その内でも,家族というものは,最も大切な環境なのである。ここにおいてこそ,子どもは自己の能力を形成し発達させるのである」と述べている。その言葉にもあるように,家族は,子どもたちが成長していく際に,各ライフステージにおいて大きな影響を与え続けるのである。

　それゆえ子ども家庭福祉においては,現代社会においてゆらぐ家族像を正確に見据えつつ,家族を社会や地域から切り離してしまうのではなく（これ

までの核家族がそうであったように),家庭とその子どもたちを社会や地域という大きな枠組みのもとにつなぎとめていくことが重要となるだろう。そうしてはじめて,子ども家庭福祉は新たな社会状況に対応しつつ,子どもたちに安定した育ちの環境を提供し,彼らが主体的に成長していこうとする力(strength)を高めていけるようサポートを展開することが可能となるのである。

注
(1) 山縣文治『子ども家庭福祉論』ミネルヴァ書房,2016年,185頁。
(2) 落合恵美子『21世紀家族へ――家族の戦後体制の見かた・超えかた 第3版』有斐閣選書,2004年,98-114頁。

参考文献
阿部彩『子どもの貧困――日本の不公平を考える』岩波新書,2008年。
遠藤和佳子・松宮満編著『児童福祉論』ミネルヴァ書房,2006年。
福田公教・山縣文治編著『児童家庭福祉』ミネルヴァ書房,2010年。
国立社会保障・人口問題研究所 2015年社会保障・人口問題基本調査「第15回出生動向基本調査結果の概要」。
内閣府『子供・若者白書 平成27年版』。
内閣府『少子化社会対策白書 平成27年版』。
内閣府「世論調査 平成28年度」。
落合恵美子『21世紀家族へ――家族の戦後体制の見かた・超えかた 第3版』有斐閣選書,2004年。
山縣文治『児童福祉論』ミネルヴァ書房,2005年。
山縣文治『子ども家庭福祉論』ミネルヴァ書房,2016年。

第3章　子ども家庭福祉のあゆみ

1　歴史を学ぶ意味

今日，児童虐待や子どもの貧困など子どもに関わる悲しいニュースが，新聞やテレビなどで私たちの目に触れない日がないほどである。これらは現代社会の抱える大きな問題であると言えるが，裏返せばそれだけ子どもは大事な守るべき存在であるという共通認識が社会に広がっているとも言える。

さらにわが国も批准している「児童の権利に関する条約（子どもの権利条約）」では守られる権利とともに意見表明権など子どもの能動的な権利についても規定されている。

本章では，これら今日，当たり前と思われがちな子どもに関する認識や制度などがどのような歴史の中で形作られてきたのかを見ていきたい。

2　日本の子ども家庭福祉の歴史

（1）明治以前の子ども家庭福祉

現代と比べはるかに脆弱な社会基盤の中，疫病の蔓延や飢饉などが起こりやすかったのが古代から中世の社会である。そのような中，仏教思想に基づき聖徳太子が悲田院を四天王寺に設立した。わが国における子ども家庭福祉の始まりと考えられ，貧窮者とともに孤児を収容した。その後，光明皇后によって悲田院が設置されたり，孝謙天皇の側近である和気広虫が孤児を養育した記録が残っているが，いずれも限定的な取り組みであった。

鎌倉幕府，室町幕府と武家政権が続く時代も，棄児，堕胎，嬰児殺しが横行していたが幕府が積極的に子どもを保護することはなく，仏教徒による救済活動が行われた。また，室町時代に伝来したキリスト教徒による救済も行われた。

　15世紀末から16世紀末の戦乱の時代が治まったことに伴い，江戸時代には農業の生産力の向上や商品経済の発展などが見られた。また，庶民の子どもへの教育を行う寺子屋が普及していった。

　一方で飢饉や天災による窮乏もあり，産まれたばかりの子どもを殺害する間引きや棄児が多くみられた。これに対し，江戸幕府は間引き禁止令を出したり，五人組制度を作り，近隣相互の助け合いによる子育てを奨励した。

（2）明治時代の子ども家庭福祉

　江戸幕府から明治政府へと政治権力は移り，わが国は中央集権国家となった。明治政府は欧米列強に追いつくため富国強兵をスローガンに産業を興し，兵力を整えていくことを目標とした。社会の安定を図る必要があり，これまでの時代に比べ公的な施策が進められた。

　西洋の技術を取り入れるため，明治の初め，多くの外国人がわが国を訪れ，わが国の子どもの様子を好意的に記録している。例えば，大森貝塚を発見した考古学者のモース（E. Morse）は，著書『日本その日その日』で「世界中で日本ほど子供が親切に取り扱われ，そして子供のために深い注意が払われる国はない。にこにこしているところから判断していると，子供たちは朝から晩まで幸福であるらしい」と記している。

　しかし，生活困窮者も多く，厳しい暮らしを強いられる子どもも大勢いた。そこで政府がまず取り組んだのが生活困窮者の救済である。1871（明治4）年に15歳までの棄児に年7斗の養育米を支給すると定めた「棄児養育米給与方」が出された。1873（明治6）年には，「三子出産の貧困者へ養育料給与方」が出され，多子出産貧困者への一時金が給付されるようになった。1874

（明治7）年には子どもも含めた総合的な救貧制度として「恤救規則」が定められた。障害者，70歳以上の高齢者，病弱で極貧の者と並び13歳以下の子どもも対象となった。

「恤救規則」は，公的な救済策としては画期的であったが，相互の助け合いで解決することが前提であり，対象も身寄りがなく，労働能力のない者と限定されたため十分な対策とは言えなかった。そこで明治時代に活躍したのが民間の社会事業家や宗教関係者である。

孤児や捨て子を収容する代表的な施設としては，石井十次が1887（明治20）年に設立した「岡山孤児院」がある。石井は医師を目指していたが，一人の孤児を預かることをきっかけとして孤児救済事業を始めた。1891（明治24）年の濃尾地震や1906（明治39）年の東北での大凶作による孤児などを救済した。少人数による家庭的な養育である家族主義や，乳幼児を里親に託す委託主義など施設の方針をまとめた「岡山孤児院十二則」は，現代の児童養護にも通じる考え方である。

非行少年を保護・教育して，矯正する感化事業も明治時代になり盛んになった。1883（明治16）年には池上雪枝により「感化院」が設立された。また，1885（明治18）年には高瀬真卿により「私立予備感化院」が設立，翌年「東京感化院」に改称された。

現在の児童自立支援施設の原型になったのが，1899（明治32）年に留岡幸助が設立した「家庭学校」である。留岡は北海道で教誨師をした経験から成年の犯罪を減らすためには少年時代の支援が必要であると考えた。アメリカで学んだ後，東京，のちに北海道で「家庭学校」を設立した。「家庭学校」では15名以内の生徒と職員を一つの単位とした家族制度を採用し，家族的な雰囲気の中での指導を基本とした。また，ジャン＝ジャック・ルソー（J-J. Rousseau）の著書『エミール』に書かれた「子供を育てるには大自然の中が一番」という考えに影響を受け，自然の中での体験を重視していた。1900（明治33）年には，「感化法」が制定され，都道府県に感化院の設置を義務付

け，満8歳以上16歳未満の少年犯罪者およびそのおそれのある者に対して，感化教育を行うと決められた。

わが国で初めての知的障害児のための施設が設立されたのも明治時代である。立教女学院の教頭をしていた石井亮一は1891（明治24）年，濃尾地震を視察した時に被災して孤児となり，人身売買の危険にさらされた女児20人ほどを引き取り「孤女学院」を設立した。その中に知的な障害を持つ女児がおり，アメリカで知的障害児教育を学んだ後，1897（明治30）年に「孤女学院」を「滝乃川学園」と改称して知的障害児の福祉・教育を進めた。

また，1890（明治23）年，赤沢鍾美(あつとみ)により設立された新潟静修学校に併設された託児所が，保育所の始まりとされている。1900（明治33）年には，家族女学校幼稚園（後の学習院女学部）で上流階級の保育に携わっていた野口幽(ゆ)香(か)と森島峰が貧しい子どものたちへの保育を行う二葉幼稚園（後の二葉保育園）を設立した。1906年（明治39）年には当時のスラム街に移り，200名以上の子どもを保育しつつ，親への働きかけも行い，地域の生活向上にも取り組んだ。

（3）大正時代から戦前までの子ども家庭福祉

大正時代には，「大正デモクラシー」と呼ばれる自由主義的，民主主義的な傾向が児童の生活にも影響を与えた。1918（大正7）年には「世間の小さな人たちのために，芸術として真価ある純麗な童話と童謡を創作する」ことを目的とした児童文芸雑誌『赤い鳥』が創刊され，芥川龍之介や北原白秋，島崎藤村などの作品が掲載された。

一方で資本主義の著しい発展の中，貧困者が大量に発生し，貧しさゆえに長時間の労働を強いられる子どもが大勢みられた。1911（明治44）年に成立し，1916年（大正5）年に実施された「工場法」では，就業最低年齢を14歳未満（後の改正で12歳未満）の者とし，長時間労働や深夜勤務が禁止された。貧しい家庭環境の中で非行に走る子どもも多く，その対策として1922（大正

11年）に「少年法」と「矯正院法」が制定された。満14歳から満18歳未満の非行行為を行った少年に対して、少年審判所での保護処分を中心と定め、必要に応じ、矯正院に収容して矯正教育が行われた。

　昭和になって間もない1929（昭和4）年に慈恵的な「恤救規則」に代わり、公的扶助義務を明確にした「救護法」が制定された。貧困者の中で65歳以上の老衰者や妊産婦、心身に障害があり働くことができない者とともに、13歳以下の子どもが対象とされた。子どもの年齢は「恤救規則」と同じであるが、身寄りがないことという条件はなくなり、対象が拡大した。孤児院も救護法に明記され、居宅救護ができない場合に収容するとされた。

　一方で「救護法」は依然、制限的な面が強く、昭和恐慌により庶民の生活は苦しくなり、特に母子心中が多発したことから1937（昭和12）年に「母子保護法」が制定された。この法律では、13歳以下の子どもを持つ貧しい母子家庭への生活扶助が決められた。

　また、1938（昭和13）年には、「社会事業法」が制定され、それまで主に民間により運営されていた育児院（孤児院）や託児所に公費扶助が設けられた。

　少年保護に関しては1933（昭和8）年に「少年教護法」と「児童虐待防止法」が制定された。「少年教護法」では、14歳未満で不良行為を行った者、または行うおそれがある者を対象に感化院に代わり設置された少年教護院での教育的な保護を行うとされた。「児童虐待防止法」では、14歳未満の子どもを対象としているが現代の児童虐待の定義とは異なり、主に児童労働に対する法律であった。

　1937（昭和12）年に日中戦争が勃発し、翌年には国家総動員法が制定され戦時統制が厳しくなる中、母子保健に関して今日につながる制度が設けられた。1937（昭和12）年に「保健所法」が制定され、妊産婦や乳幼児の衛生について保健所が指導すると決められた。また、1942（昭和17）年には「妊産婦届出制」「妊産婦手帳制度」が新設され、現在の「母子健康手帳」の前身である「妊産婦手帳」が交付され、妊産婦指導や育児指導が行われた。

障害児に関する取り組みでは、整形外科医の高木憲次が1932（昭和7）年にわが国で初めての肢体不自由児学校「光明学校」を設立し、1942（昭和17）年には東京に療育施設である整肢療護園を開設した。
　太平洋戦争に突入した1941（昭和16）年から1945（昭和20）年の敗戦までの間、都市から農村への学童疎開や工場への学徒動員など子どもの生活も大きな影響を受け、戦争末期には空襲などで多くの子どもが犠牲になった。

（4）戦後の子ども家庭福祉
1）戦後の混乱と児童福祉法の成立
　戦争が終結し平和が訪れたが、空襲などの戦災や外地からの引き揚げなどにより孤児となった子どもが多くいた。政府は終戦の翌月には、「戦災孤児等保護対策要綱」を出し、個人家庭への保護委託、養子縁組の斡旋、集団保護を進めることで保護を進めた。しかし、戦後の混乱期のため、著しい改善とはならず、1948（昭和23）年の厚生省（現・厚生労働省）の調査でおよそ12万人の孤児がおり、そのうち3万人以上が浮浪児として街頭などで、寝泊まりを余儀なくされるなど悲惨な状況であった。
　一方で平和な世の中の到来を象徴するかのように、1947（昭和22）年から1949（昭和24）年には第1次ベビーブームが起きた。出生数は毎年250万人を超え、3年間で約800万人の子どもが産まれている。
　こういったさまざまな状況の子どもに対応するため、1947（昭和22）年にこれまでの対象を限った対策を転換する「児童福祉法」が制定された。法律の冒頭で「すべて国民は、児童が心身ともに健やかに生まれ、且つ、育成されるよう努めなければならない」として、その対象を「すべて児童」と規定し、「国及び地方公共団体は、児童の保護者とともに、児童を心身ともに健やかに育成する責任を負う」と公的な責任を明確にした。都道府県への児童相談所の設置や、児童福祉司の配置が義務づけられ児童の健全育成の体制が整えられた。孤児などを収容する施設については戦前からの孤児院を養護施

設（現・児童養護施設）と改称し，その他にも助産施設・乳児院・母子寮（現・母子生活支援施設）・保育所・児童厚生施設・精神薄弱児施設（現・障害児入所支援）・療育施設（現・障害児入所支援）・教護院（現・児童自立支援施設）が設置された。1948（昭和23）年には「児童福祉施設最低基準（現・児童福祉施設の設備及び運営に関する基準）」が設けられ，施設の設備や運営についての整備が進められた。

1951（昭和26）年には，児童福祉法の理念を改めて周知確認するために「児童憲章」が制定された。「児童は，人として尊ばれる」「児童は，社会の一員として重んぜられる」「児童は，よい環境の中で育てられる」ことが宣言されている。

子どもの福祉を推進したこのころの代表的な人物に糸賀一雄がいる。糸賀は戦前から滋賀県の職員として社会事業に携わり，戦後，戦災孤児の収容と知的障害児の教育を行う「近江学園」を設立した。糸賀は『この子らを世の光に』で「精神薄弱といわれる人たちをこの世の光たらしめることが学園の仕事である」とし，一方的に支援をされる存在としかみられていなかった知的障害児が社会の光になること，そのためにそれぞれの発達を保障することの重要性を訴えた。

2）今日につながる諸制度の整備

1960年代から本格的な高度経済成長が始まり，国民生活は飛躍的な向上を見せた。しかし，急速な発展に伴うさまざまな問題が起こり，子どもたちにも影響を及ぼした。人口集中により過密化した都市部では住宅環境や遊び場，教育環境などが悪化した。また，経済成長を優先する中で起こった公害による被害を受けた子どもも多くいた。一方，農村部では過疎化が進み，子どもを置いて長期間，都市部へ出稼ぎに行く労働者も多くみられた。

そのような中，今日につながるさまざまな制度が整えられたのもこの頃である。まず，さまざまな状況にある子どもや家庭への経済的支援制度が確立された。1961（昭和36）年には，父と生計を同じくしていない児童の扶養を

行う家庭への「児童扶養手当法」が制定された。また，1964（昭和39）年には，「特別児童扶養手当等の支給に関する法律」が制定され，精神または身体に障害のある児童，あるいは重度の障害のある児童の扶養を行う家庭への手当てが支給されるようになった。

一般家庭への経済的支援は少し遅れ，1971（昭和46）年に「児童手当法」が制定された。「児童を養育している者に児童手当を支給することにより，家庭における生活の安定に寄与するとともに，次代の社会を担う児童の健全な育成および資質の向上に資する」を目的としているが，当初は第3子以降からが支給対象で義務教育終了まで月額3,000円を支給するというものであった。その後，段階的に対象を広げ，現在，所得制限はあるものの第1子からの支給となっている。

1964（昭和39）年には，母子家庭を対象とした「母子福祉法（現・母子及び父子並びに寡婦福祉法）」が制定された。児童扶養手当による経済的支援にとどまらない，包括的な支援を目指し，母子相談員の設置や公営住宅入居への配慮，母子福祉施設の設置などが規定された。その後，かつて母子家庭だった家庭で子どもが成人した母親（寡婦）も対象とし，現在は父子家庭も対象とする法律になっている。

1947（昭和22）年から1965（昭和40）年の母子保健に関する指標の推移を見ると乳児死亡率は千人当たり76.7人から18.5人へ，妊産婦死亡率は10万人当たり160.1人から80.4人と大幅に減少していった。しかし，先進国に比べると依然，高い水準であった。そのような中，1965（昭和40）年に，「母性並びに乳児及び幼児の健康の保持及び増進を図る」ことを目的として「母子保健法」が制定された。これまで児童福祉法にあった妊産婦や乳幼児の保健指導，新生児の訪問指導，母子健康手帳の交付，3歳児検診などを独立させて更なる充実を図った。

障害児については施設の整備が進み，1957（昭和32）年に精神薄弱児通園施設（現・障害児通所支援），1961（昭和36）年に情緒障害児短期治療施設

(現・児童心理治療施設)，1967（昭和42）年に重症心身障害児施設（現・障害児入所支援）が新設された。1970（昭和45）年にはさまざまな障害の総合的対策推進を定めた「心身障害者対策基本法」が制定された。また，1974（昭和49）年には厚生省より「障害児保育事業要綱」が出され，障害児保育が実施されるようになった。

保育については，1965（昭和40）年，厚生省より保育所における保育のガイドラインを示した「保育所保育指針」が出された。保育のニーズが多様化する中，24時間預かり可能なベビーホテルでの死亡事故が起こったことをきっかけとして1981（昭和56）年に標準の8時間を超えた延長保育特別対策事業が実施されるようになった。

3）少子化・子ども虐待などへの対応

戦後の高度経済成長を支えてきた「男性が仕事をして，女性が家庭を守る」という構造に変化が見られ，1985（昭和60）年には職場における男女の差別を禁止した「男女雇用機会均等法」が成立し，女性の社会進出が加速した。1989（平成4）年には共働き世帯が専業主婦世帯を逆転した一方で男性の長時間労働も続き，今日まで続く社会問題である。

家族をめぐる状況が変化し，多様化していく中，子どもに関わる新たな問題がクローズアップされた。ここでは，「少子化」「子ども虐待」「子どもの貧困」を取り上げる。

少子化が社会で大きな問題として認識されるようになったのは，1990（平成2）年の前年（1989〔平成元〕年）の合計特殊出生率が1.57と，"ひのえうま"の迷信のために極端に出生率が下がった1966（昭和41）年の合計特殊出生率1.58を下回ったいわゆる1.57ショックからである。少子化は大きくは国家の衰退につながり，また，子どもの数が少ないことによる子どもの育ち合いへの影響など多方面での影響が考えられる。これに対して1994（平成6）年には，「今後の子育て支援のための施策の基本的方向について」（エンゼルプラン）（文部，厚生，労働，建設の4大臣合意）が策定された。また，保育の量

的拡大や低年齢児（0～2歳児）保育，延長保育等の多様な保育の充実等を図るための「緊急保育対策等5か年事業」（大蔵，厚生，自治の3大臣合意）が策定された。2003（平成15）年に「少子化社会対策基本法」が制定され，翌年，「少子化社会対策大綱」が閣議決定された。当初は保育に限定されていた対策が社会全体で子育てを応援するという理念のもと多方面の対策が盛り込まれるようになった。その後も2010（平成22）年に「子ども・子育てビジョン」が，2015（平成27）年に「少子化社会対策大綱」閣議決定されさまざまな対策が実施されているが，合計特殊出生率の大幅な回復はみられない。

次に「児童虐待」については，1990年代に入り，社会問題化してきたが従来の児童福祉法では迅速な対応が難しい状況であった。1994（平成6）年に「児童の権利に関する条約（以下，子どもの権利条約）」を批准し，子どもの人権への関心が高まる中，2000（平成12）年に「児童虐待の防止等に関する法律（以下，児童虐待防止法）」が成立した。この法律では「児童虐待」の定義が明確にされ，また，発見した者の通告義務を明記したこともあり，児童相談所への相談件数は2015（平成27）年度で約10万件と，この15年で5倍に増えている。成立後も改正が行われており，2004（平成16）年には，虐待を受けていると思われる場合も通告義務の範囲とすることなど，そして，2008（平成20）年には，児童の安全確認等のための立入調査等の強化などが図られた。また，2016（平成28）年にも被虐待児童の情報提供などについての改正が行われた。

歴史上，大きな課題であり，戦後の豊かさの中で忘れられていた「子どもの貧困」の問題が近年，再び，クローズアップされるようになった。子どもの貧困率は（所得の中央値の半分である貧困線に満たない18歳未満の割合）は1985（昭和60）年の10.9％から2012（昭和24）年には16.3％に上昇しており，およそ6人に1人が相対的に貧困状態にあるということになる。これに対して2014（平成26）年に「子どもの貧困対策の推進に関する法律」が成立し，政府が「子供の貧困対策に関する大綱」を閣議決定し，教育や生活などに対す

る具体的な取り組みを始めることとなった。

これらの新しい問題も含めたさまざまな問題に対応するために，1990年代以降，児童福祉法の改正が重ねられた。

3 欧米の子ども家庭福祉の歴史

(1) 近代化以前の子ども家庭福祉

中世のヨーロッパは封建社会であり，子どもを含めた困窮者の救済は村落共同体や教会，職業別組合であるギルドが中心となって行われていた。しかし，村落共同体やギルドの衰退，宗教改革による修道院解散などがあり，多くの貧民が生まれることとなった。

イギリスで1601年に成立したいわゆる「エリザベス救貧法」は，それまで各地方が個別に行っていた救貧対策を全国規模で統一的に行うものとしては画期的であった。しかし，貧民の救済を目的とするというより社会秩序の維持の側面が強かった。労働能力の有無を基準として有能貧民，無能力貧民，子どもの3種類に分け，労働能力のある有能貧民は労役場などで，親に扶養されない子どもは徒弟として働くことを強制された。乳幼児は働くことが出来ない高齢者や障害者などとともに救貧院に収容されたが衛生状態も悪く，適切に保護をされた訳ではなかった。

(2) 近代国家成立以降の子ども家庭福祉

1) 産業革命後の動向

イギリスで18世紀後半から始まった産業革命は社会構造に大きな変革をもたらした。これまでの手工業から機械を使った大規模な工場への移行は生産力を大きく向上させる一方で，労働者は長時間労働，低賃金にあえいだ。子どもも大人と同様，安い賃金で長時間働かせられることが多く，社会問題となった。

そのような状況の中，1802年に「教区徒弟の健康および道徳の保持に関する法律」が制定され子どもの労働時間を1日12時間以内とした。また，オーエン（R. Owen）の運動の影響も受け1833年に成立した「工場法」では，9歳未満の子どもの労働や夜間労働を禁止し，13歳未満の子どもについても最長労働時間を9時間とした。また，工場で働くすべての子どもに対して1日2時間の通学を義務づけた。

　1834年には「救貧法」が改正され，これまでの院外救済から院内救済が原則とされ，子ども専用の労役場も作られた。しかし，救済を受けていない者よりも劣ったレベルの救済にとどめる劣等処遇が原則であり，依然として厳しい環境であった。また，この頃より政府の施策を補うように民間の福祉活動による福祉活動が盛んになった。1869年ロンドンにおけるさまざまな慈善団体を糾合する形で「慈善組織教会」が設立され，貧困者への個別訪問が行われ，支援が進められた。また，知識人や宗教家が貧困地域に住み込み支援を行う「セツルメント運動」が始まった。イギリスでは1884年にバーネット（S. Barnett）夫妻によるトインビーホール，アメリカでも1889年にアダムス（J. Addamus）によりハルハウスが建設され運動の拠点となった。

　子どもの保護を目的とした動きとしては，1870年にこれまでの大規模施設ではなく，家族的な雰囲気を重要視した小舎制を基本としたバーナードホームがイギリスのバーナード（T. Barnardo）により開設された。また，1875年にアメリカで児童虐待防止協会が創設され，1884年にはイギリスでも創設された。1889年には，イギリスで「児童虐待防止法」が制定された。児童の教育に関する動きも見られ，1870年には5歳から13歳までの児童が無償で教育を受けることを定めた「教育法」が成立した。

　このように18世紀から19世紀にかけて子どもを保護するさまざまな取り組みが進んだ背景には，ルソーやペスタロッチ（J. Pestalozzi）などの影響を受けた子ども観の変化があった。中世で一般的であった「小さい大人」としての子ども観から子どもを子どもとして尊重する子ども観への変化である。

2) 20世紀初頭の動向

20世紀を迎える頃から，現代に通じる子どもの権利に関する動きが盛んになっていった。スウェーデンのエレン・ケイ（E. Key）は，1900年に発行した『児童の世紀』で20世紀は子どもの世紀であると主張した。

1909年には，アメリカでセオドア・ルーズベルト（T. Roosevelt）大統領により，第1回ホワイトハウス会議が開かれた。児童福祉の専門家を集めた会議で「家庭は文明の最高の創造物である。したがって緊急止むを得ない事情のない限り児童を家庭から切り離してはならない」という家庭尊重の原則が宣言された。そして，この宣言に基づいて1912年には，連邦政府児童局が設置された。また，1935年に世界で初めての社会保障という言葉が使われた「社会保障法」が成立し，子どもを扶養する貧困家庭を対象とした制度など子どもに関わる制度も含まれている。

イギリスでは1908年に最初の児童法が成立して，里子の保護や虐待の防止，非行犯罪少年の処遇改善等について規定された。その後も養子の保護を目的とした養子法や，教育を優先されるための雇用制限を規定した児童青少年法など，法整備が進んだ。また，1924年には，第2次世界大戦前の国際機関である国際連盟により，「ジュネーブ宣言」が出された。「すべての国の男女は，人類が児童に対して最善のものを与えるべき義務を負うこと」と宣言した。

一方で20世紀前半は1914～1918年の第1次世界大戦，1939年に勃発した第2次世界大戦と二つの大きな戦争に生活を脅かされ，犠牲となる子どもが後を絶たない時代でもあった。そのため本格的な児童保護は第2次世界大戦の終結を待たねばならなかった。

（3）第2次世界大戦後の子ども家庭福祉

イギリスでは戦時中に戦後の社会再建のための社会保障制度の検討を行い，1942年に「ベヴァリッジ報告」が提出された。この報告書の中では，社会再建を阻むものとして窮乏，疾病，無知，不潔，怠惰の5つを要因として挙げ，

具体的な政策として「包括的保健・リハビリテーションサービス」「雇用の維持」と並び，「児童手当」の実施を提言している。戦後，この報告書に基づき，「ゆりかごから墓場まで」と呼ばれる福祉政策の充実が図られた。また，要保護児童の処遇について1946年にカーチス報告書が出され，里親による養育や小規模施設での養護の重要性が提言された。1948年には，この提言に基づき「児童法」が成立した。

　20世紀後半の世界的な大きな流れとして子どもの人権を尊重する動きがある。1948年には，戦争による多くの人権侵害が行われたことの反省に立ち，国際連合により「世界人権宣言」が採択された。第1条では「すべての人間は，生れながらにして自由であり，かつ，尊厳と権利とについて平等である」と規定されており，すべての人には，子どもも含まれる。

　1959年には，「世界人権宣言」を踏まえた上で子どもに特化した「児童権利宣言」が国際連合により採択された。前文で「児童は，身体的及び精神的に未熟であるため，その出生の前後において，適当な法律上の保護を含めて，特別にこれを守り，かつ，世話することが必要である」ため，「人類は，児童に対し，最善のものを与える義務を負うもの」とされた。

　1979年は児童権利宣言採択20周年を記念して「国際児童年」とされ，世界中で記念事業が行われた。その1979年から国連において審議が始まり，1989年に採択されたのが「児童の権利に関する条約」である。ポーランド代表から提出された草案には，第2次世界大戦時，自ら運営する孤児院の子どもらとともにナチス・ドイツに殺害された教育者コルチャック（J. Korczak）が訴えた「子どもの権利の尊重」の精神が受け継がれている。子どもに関する措置をとるに当たっては，「子どもの最善の利益」を最も重視することとし，これまでの保護される権利に加えて，意見表明権や参加する権利など能動的な権利も明記し，子どもを権利の主体としてとらえている点が画期的であった。2015年現在で196の国・地域が締結し，各国において条約で規定する子どもの権利を実現するための法整備が進められている。

しかし，一方で紛争下，命の危険にさらされたり，難民となり過酷な状況に追い込まれる子どもが多く存在するのも現在の世界の実情であり，すべての子どもの権利が十分に守られている状況とは言えない。

参考文献

フィリップ・アリエス『〈子供〉の誕生——アンシァン・レジーム期の子供と家族生活』みすず書房，1980年。
藤井常文『留岡幸助の生涯——福祉の国を創った男』法政出版，1992年。
百瀬孝『日本福祉制度史——古代から現代まで』ミネルヴァ書房，1997年。
仲村優一・一番ケ瀬康子『イギリス』（世界の社会福祉④）旬報社，1999年。
京極高宣『この子らを世の光に——糸賀一雄の思想と生涯』日本放送出版協会，2001年。
森山茂樹，中江和恵『日本子ども史』平凡社，2002年。
朴光駿『社会福祉の思想と歴史——魔女裁判から福祉国家の選択まで』ミネルヴァ書房，2004年。
金子光一『社会福祉のあゆみ』有斐閣，2005年。
室田保夫編著『人物でよむ近代日本社会福祉のあゆみ』ミネルヴァ書房，2006年。

第4章　子ども家庭福祉の法体系

1　児童福祉法

　児童福祉法は，1947（昭和22）年に制定された子ども家庭福祉の基本的な法律である（施行は1948〔昭和23〕年）。児童福祉法は制定以降も子どもを取り巻く社会の変化に合わせて何度も細かな改正が行われてきた。しかし，児童福祉法の基本的な枠組みについては大きな見直しは行われてこなかったため，制度とニーズのミスマッチが顕在化してきた。

　そこで，1997（平成9）年に児童福祉法の抜本的な改正が行われ，それ以降も矢継ぎ早に児童福祉法の改正が行われた。表4-1は1990年代から2000年代の児童福祉法改正の主な内容をまとめたものである。

　さらに，2010年代に入っても児童福祉法の改正が続いている。2010（平成22）年には，障害者自立支援法（現・障害者総合支援法）の見直しにあわせて，障害児の施設体系の再編が行われた（2012〔平成24〕年4月施行，第5章参照）。

　2011年（平成23）年には，民法の改正にあわせて，①親権喪失等の制度の見直し，②未成年後見制度の見直し，などを内容とする改正が行われた。また，2016（平成28）年には，①児童福祉法の理念の明確化等，②児童虐待の発生予防，③児童虐待発生時の迅速・的確な対応，④被虐待児童への自立支援，などを内容とする改正が行われた（資料4-1）。

　「児童福祉法の理念の明確化等」については，児童の権利に関する条約という言葉が初めて児童福祉法上に位置づけられ，その精神に則り適切な養育を受け，健やかな成長・発達や自立等を保障される権利を有することが明記

表 4-1　児童福祉法改正の主な内容

改正年	内　容
1997年 (平成9)	①保育所の利用方式の見直し（措置制度の廃止），②保育所の情報公開（市町村に義務づけ，保育所は努力義務），③養護施設と虚弱児施設を統合する，④児童福祉施設の名称と目的の変更（養護施設を児童養護施設，母子寮を母子生活支援施設，教護院を児童自立支援施設へ変更。児童養護施設，児童自立支援施設，母子生活支援施設の目的に「自立」を付加），⑤児童家庭支援センターの創設，⑥放課後健全育成事業，児童自立生活援助事業を創設，⑦施設入所などに関して都道府県児童福祉審議会の意見聴取の導入。
2000年 (平成12)	①母子生活支援施設・助産施設の措置制度の廃止，②一時保護期間の明記（開始から2カ月。目的を達成できない場合は延長可），③児童相談所所長および児童福祉司の任用資格に社会福祉士を追加。
2001年 (平成13)	①保育士資格の法定化，②主任児童委員の法定化，③認可外保育施設に対する指導監督の強化。
2003年 (平成15)	①市町村における子育て支援事業の法定化，②市町村保育計画の策定。
2004年 (平成16)	①児童相談に関して市町村体制の強化および児童相談所の専門化・後方支援，②要保護児童対策地域協議会の設置，③中核市における児童相談所の設置，④児童福祉施設，里親等のあり方の見直し，⑤要保護児童に係る措置に関する司法関与の見直し。
2008年 (平成20)	①乳児家庭全戸訪問事業・養育支援訪問事業の創設，②小規模住居型児童養育事業（里親ファミリーホーム）の創設，③施設内虐待（被措置児童等虐待）の防止。

出所：筆者作成。

された。具体的には，第1条に「全て児童は，児童の権利に関する条約の精神にのつとり，適切に養育されること，その生活を保障されること，愛され，保護されること，その心身の健やかな成長及び発達並びにその自立が図られることその他の福祉を等しく保障される権利を有する」と規定された。

「児童虐待の発生防止」については，母子保健法の改正によって新たに創設された母子健康包括支援センターなどの母子保健施策を中心に，妊娠期から子育て期まで切れ目ない支援を行うことで，児童虐待の発生予防・早期発見を図ることになった。

「児童虐待発生時の迅速・的確な対応」については，児童相談所における

第4章 子ども家庭福祉の法体系

資料4-1 児童福祉法等の一部を改正する法律（2016年）の概要

> 全ての児童が健全に育成されるよう，児童虐待について発生予防から自立支援まで一連の対策の更なる強化等を図るため，児童福祉法の理念を明確化するとともに，母子健康包括支援センターの全国展開，市町村及び児童相談所の体制の強化，里親委託の推進等の所要の措置を講ずる。

改正の概要

1．児童福祉法の理念の明確化等
 (1) 児童は，適切な養育を受け，健やかな成長・発達や自立等を保障されること等を明確化する。
 (2) 国・地方公共団体は，保護者を支援するとともに，家庭と同様の環境における児童の養育を推進するものとする。
 (3) 国・都道府県・市町村それぞれの役割・責務を明確化する。
 (4) 親権者は，児童のしつけに際して，監護・教育に必要な範囲を超えて児童を懲戒してはならない旨を明記。
2．児童虐待の発生予防
 (1) 市町村は，妊娠期から子育て期までの切れ目ない支援を行う母子健康包括支援センターの設置に努めるものとする。
 (2) 支援を要する妊婦等を把握した医療機関や学校等は，その旨を市町村に情報提供するよう努めるものとする。
 (3) 国・地方公共団体は，母子保健施策が児童虐待の発生予防・早期発見に資することに留意すべきことを明確化する。
3．児童虐待発生時の迅速・的確な対応
 (1) 市町村は，児童等に対する必要な支援を行うための拠点の整備に努めるものとする。
 (2) 市町村が設置する要保護児童対策地域協議会の調整機関について，専門職を配置するものとする。
 (3) 政令で定める特別区は，児童相談所を設置するものとする。
 (4) 都道府県は，児童相談所に①児童心理司，②医師又は保健師，③指導・教育担当の児童福祉司を置くとともに，弁護士の配置又はこれに準ずる措置を行うものとする。
 (5) 児童相談所等から求められた場合に，医療機関や学校等は，被虐待児童等に関する資料等を提供するものとする。
4．被虐待児童への自立支援
 (1) 親子関係再構築支援について，施設，里親，市町村，児童相談所などの関係機関が連携して行うべき旨を明確化する。
 (2) 都道府県（児童相談所）の業務として，里親の開拓から児童の自立支援までの一貫した里親支援を位置付ける。
 (3) 養子縁組里親を法定化するとともに，都道府県（児童相談所）の業務として，養子縁組に関する相談・支援を位置付ける。
 (4) 自立援助ホームについて，22歳の年度末までの間にある大学等就学中の者を対象に追加する。
（検討規定等）
〇施行後速やかに，要保護児童の保護措置に係る手続における裁判所の関与の在り方，特別養子縁組制度の利用促進の在り方を検討する。
〇施行後2年以内に，児童相談所の業務の在り方，要保護児童の通告の在り方，児童福祉業務の従事者の資質向上の方策を検討する。
〇施行後5年を目途として，中核市・特別区が児童相談所を設置できるよう，その設置に係る支援等の必要な措置を講ずる。

施行期日

平成29年4月1日（1，2(3)については公布日，2(2)，3(4)(5)，4(1)については平成28年10月1日）
 出所：厚生労働省HP（2017年1月26日アクセス）。

弁護士の配置が規定された。また，特別区（東京23区）にも児童相談所を設置できることになった。

「被虐待児童への自立支援」については，親子関係再構築支援について関係機関が連携して行うべき旨が明確化され，大学等への進学する者を支援するために自立援助ホームの対象が22歳まで延長された。また，里親支援が児童相談所の業務として位置づけられた。

2　児童福祉六法

（1）児童福祉六法とは

子ども家庭福祉の法体系において，①児童福祉法，②母子及び父子並びに寡婦福祉法，③児童手当法，④児童扶養手当法，⑤特別児童扶養手当等の支給に関する法律，⑥母子保健法，の6つの法律は基本的な役割を果たしており，これらは児童福祉六法と呼ばれている。以下では，児童福祉法以外の5つの法律の概略を説明する。

（2）母子及び父子並びに寡婦福祉法

母子及び父子並びに寡婦福祉法は「母子家庭等及び寡婦の福祉に関する原理を明らかにするとともに，母子家庭等及び寡婦に対し，その生活の安定と向上のために必要な措置を講じ，もつて母子家庭等及び寡婦の福祉を図ること」(第1条)を目的とした法律である。

具体的な福祉の措置としては，自立促進計画，母子・父子自立支援員，福祉資金の貸付，日常生活支援事業，母子・父子福祉施設などが規定されている。

母子及び父子並びに寡婦福祉法は，1964（昭和39）年に母子福祉法として制定されたが，1981（昭和56）年に対象に寡婦を加えて母子及び寡婦福祉法と名称が変更され，2002（平成14）年に父子家庭も対象となった。さらに2014（平成26）年に父子家庭も含めた現行法名となった。

（3）児童手当法

児童手当法は，1971（昭和46）年に制定された法律で，家庭生活の安定および子どもの健全育成のために支給される児童手当について規定している。

児童手当法は，「父母その他の保護者が子育てについての第一義的責任を有するという基本的認識の下に，児童を養育している者に児童手当を支給することにより，家庭等における生活の安定に寄与するとともに，次代の社会を担う児童の健やかな成長に資すること」（第1条）を目的としている。

（4）児童扶養手当法

児童扶養手当法は，1961（昭和36）年に制定された法律で，ひとり親家庭の家庭生活の安定のために支給される児童扶養手当について規定している。制定当初は，児童扶養手当の支給対象は，母子家庭のみとされていたが，2010（平成22）年の改正によって父子家庭も対象として加えられた。

児童扶養手当法は「父又は母と生計を同じくしていない児童が育成される家庭の生活の安定と自立の促進に寄与するため，当該児童について児童扶養手当を支給し，もつて児童の福祉の増進を図ること」（第1条）を目的としている。

（5）特別児童扶養手当等の支給に関する法律

特別児童扶養手当等の支給に関する法律は，1964（昭和39）年に制定された法律で，障害のある子どもなどの福祉の増進を図るために支給される，①特別児童扶養手当，②障害児福祉手当，③特別障害者手当について規定している。

特別児童扶養手当等の支給に関する法律は，「精神又は身体に障害を有する児童について特別児童扶養手当を支給し，精神又は身体に重度の障害を有する児童に障害児福祉手当を支給するとともに，精神又は身体に著しく重度の障害を有する者に特別障害者手当を支給することにより，これらの者の福祉の増進を図ること」（第1条）を目的としている。

特別児童扶養手当は，20歳未満の精神または身体に障害がある子どもを対象に，その子どもを家庭で監護，養育している父母等に支給される。障害児福祉手当は，重度の障害がある子どもに支給される。さらに，特別障害者手当は，精神または身体に著しく重度の障害がある20歳以上の者に支給される。

（6）母子保健法

母子保健法は，1965（昭和40）年に制定された法律で，母子保健に関する基本事項を規定している。

母子保健法は「母性並びに乳児及び幼児の健康の保持及び増進を図るため，母子保健に関する原理を明らかにするとともに，母性並びに乳児及び幼児に対する保健指導，健康診査，医療その他の措置を講じ，もつて国民保健の向上に寄与すること」（第1条）を目的としている。

具体的な母子保健の向上に関する措置としては，保健指導，健康診査，妊娠の届出，母子健康手帳，妊産婦の訪問指導，低体重児の届出，未熟児の訪問指導，養育医療などが規定されている。

3　子ども家庭福祉に関連する法律

（1）次世代育成支援対策推進法

次世代育成支援対策推進法は，2003（平成15）年に制定された法律で，2005（平成17）年度より10年間の時限立法として施行された。

次世代育成支援対策推進法は，「我が国における急速な少子化の進行並びに家庭及び地域を取り巻く環境の変化にかんがみ，次世代育成支援対策に関し，基本理念を定め，並びに国，地方公共団体，事業主及び国民の責務を明らかにするとともに，行動計画策定指針並びに地方公共団体及び事業主の行動計画の策定その他の次世代育成支援対策を推進するために必要な事項を定めることにより，次世代育成支援対策を迅速かつ重点的に推進し，もって次

代の社会を担う子どもが健やかに生まれ，かつ，育成される社会の形成に資すること」を目的としている。

　この法律には，基本理念，国および地方公共団体の責務，事業主の責務，国民の責務，行動計画などについて規定されている。都道府県，市町村，および101人以上の従業員を抱える事業主は，国の指針に基づいて行動計画を策定することが義務づけられている。また，適切な行動計画を策定・実施し，その目標を達成するなど一定の要件を満たした企業は「子育てサポート企業」として厚生労働大臣の認定（くるみん認定）を受け，認定マーク（愛称：くるみん）を使用することができることになっている。

　2014（平成26）年の改正によって法律の有効期限が2024年度まで10年間延長された（図4-1）。この改正によって，くるみん認定を受けた企業のうち，より高い水準の両立支援の取り組みを行い，一定の要件を満たした場合に認定を受けられる特例認定（プラチナくるみん認定）制度が施行された。特例認定を受けた企業は認定マーク（愛称：プラチナくるみん）を使用することができることになっている。

（2）男女共同参画社会基本法

　男女共同参画社会基本法は，1999（平成11）年に制定された法律で，男女共同参画社会の形成の促進に関する基本的施策などを規定している。

　男女共同参画社会基本法は，「男女の人権が尊重され，かつ，社会経済情勢の変化に対応できる豊かで活力ある社会を実現することの緊要性にかんがみ，男女共同参画社会の形成に関し，基本理念を定め，並びに国，地方公共団体及び国民の責務を明らかにするとともに，男女共同参画社会の形成の促進に関する施策の基本となる事項を定めることにより，男女共同参画社会の形成を総合的かつ計画的に推進すること」（第1条）を目的としている。

　具体的には，男女共同参画基本計画，都道府県男女共同参画計画，男女共同参画会議などについて規定されている。

図4-1 次世代育成支援対策推進法の概要と改正のポイント

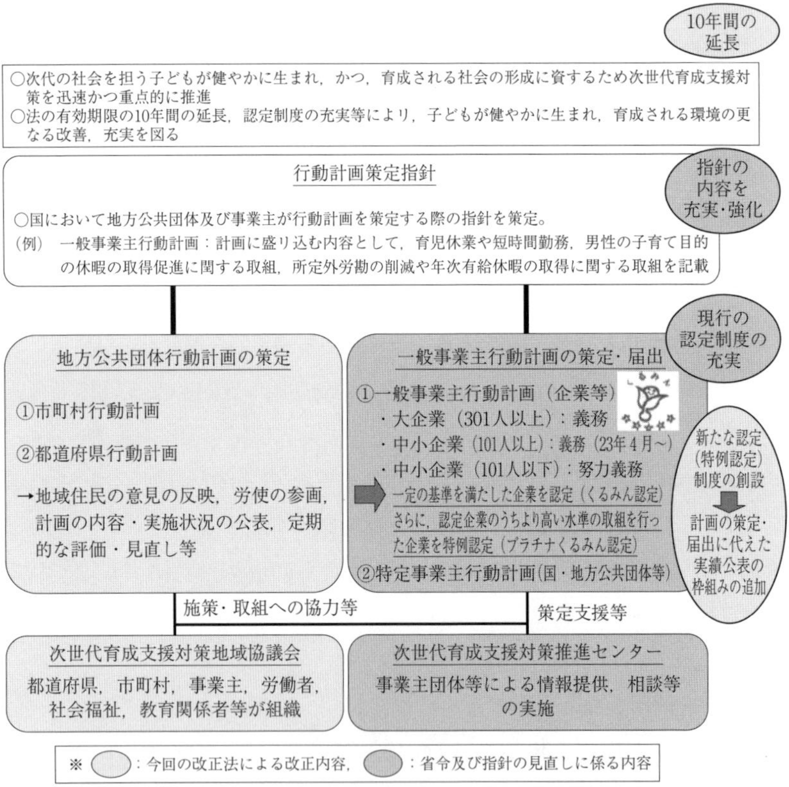

○次代の社会を担う子どもが健やかに生まれ、かつ、育成される社会の形成に資するため次世代育成支援対策を迅速かつ重点的に推進
○法の有効期限の10年間の延長、認定制度の充実等により、子どもが健やかに生まれ、育成される環境の更なる改善、充実を図る

10年間の延長

行動計画策定指針

○国において地方公共団体及び事業主が行動計画を策定する際の指針を策定。
（例） 一般事業主行動計画：計画に盛り込む内容として、育児休業や短時間勤務、男性の子育て目的の休暇の取得促進に関する取組、所定外労働の削減や年次有給休暇の取得に関する取組を記載

指針の内容を充実・強化

地方公共団体行動計画の策定
①市町村行動計画
②都道府県行動計画
→地域住民の意見の反映、労使の参画、計画の内容・実施状況の公表、定期的な評価・見直し等

一般事業主行動計画の策定・届出
①一般事業主行動計画（企業等）
・大企業（301人以上）：義務
・中小企業（101人以上）：義務（23年4月～）
・中小企業（101人以下）：努力義務
一定の基準を満たした企業を認定（くるみん認定）
さらに、認定企業のうちより高い水準の取組を行った企業を特例認定（プラチナくるみん認定）
②特定事業主行動計画（国・地方公共団体等）

現行の認定制度の充実

新たな認定（特例認定）制度の創設

計画の策定・届出に代えた実績公表の枠組みの追加

施策・取組への協力等　　策定支援等

次世代育成支援対策地域協議会
都道府県、市町村、事業主、労働者、社会福祉、教育関係者等が組織

次世代育成支援対策推進センター
事業主団体等による情報提供、相談等の実施

※ □：今回の改正法による改正内容、■：省令及び指針の見直しに係る内容

出所：厚生労働省編『厚生労働白書 平成28年版』日経印刷, 2016年, 267頁。

（3）育児・介護休業法

育児・介護休業法は、「育児休業、介護休業等育児又は家族介護を行う労働者の福祉に関する法律」の略称である。1991（平成3）年に育児休業等に関する法律として制定され、1995（平成7）年に介護休業等の規定が加えられて現行の名称となった。

育児・介護休業法は、「育児休業及び介護休業に関する制度並びに子の看護休暇及び介護休暇に関する制度を設けるとともに、子の養育及び家族の介

図 4-2 育児・介護休業法の概要

希望するすべての労働者が育児や介護を行いながら安心して働くことができる社会の実現のため，出産後の継続就業率や男性の育児休業取得率の向上等を目指し，育児・介護休業法に基づく両立支援制度の整備，両立支援制度を利用しやすい職場環境づくり等を行っている。

育児休業・介護休業制度
- 子が1歳（保育所等に入所できないなど，一定の場合は，1歳半）に達するまで（父母ともに育児休業を取得する場合は，子が1歳2ヶ月に達するまでの間の1年間〈パパ・ママ育休プラス〉）の育児休業の権利を保障
- 父親が出産後8週間以内に育児休業を取得した場合，再度，育児休業の取得が可能
- 配偶者が専業主婦（夫）であっても育児休業の取得は可能
- 対象家族1人につき，常時介護を必要とする状態に至るごとに1回，通算して93日まで，介護休業の権利を保障
  ※①同一の事業主に引き続き1年以上雇用されていること，②子の1歳の誕生日以降も引き続き雇用されていることが見込まれること，③子の2歳の誕生日の前々日までに，労働契約の期間が満了しており，かつ，契約が更新されないことが明らかでないこと，を満たした期間雇用者も取得可能

短時間勤務等の措置
- 3歳に達するまでの子を養育する労働者について，短時間勤務の措置（1日原則6時間）を義務づけ
- 常時介護を必要とする状態にある対象家族の介護を行う労働者に対し，次のいずれかの措置を事業主に義務づけ
  ①短時間勤務制度②フレックスタイム制
  ③始業・終業時刻の繰上げ・繰下げ④介護費用の援助措置

時間外労働の制限
- 小学校就学前までの子を養育し，又は介護を行う労働者が請求した場合，1か月24時間，1年150時間を超える時間外労働を制限

所定外労働の免除
- 3歳に達するまでの子を養育する労働者が請求した場合，所定外労働を免除

深夜業の制限
- 小学校就学前までの子を養育し，又は介護を行う労働者が請求した場合，深夜業を制限

子の看護休暇制度
- 小学校就学前までの子が1人であれば年5日，2人以上であれば年10日を限度として看護休暇付与を義務づけ

介護休暇制度
- 要介護状態にある対象家族が1人であれば年5日，2人以上であれば年10日を限度として介護休暇付与を義務づけ

転勤についての配慮
- 労働者を転勤させる場合の，育児又は介護の状況についての配慮義務

不利益取扱いの禁止
- 育児休業等を取得したこと等を理由とする解雇その他の不利益取扱いを禁止

実効性の確保
- 苦情処理・紛争解決の援助及び調停の仕組みを創設
- 勧告に従わない場合の公表制度及び報告を求めた場合に報告をせず，又は虚偽の報告をした者に対する過料を創設

育児・介護休業法の一部改正を含む「雇用保険法等の一部を改正する法律」（平成28年法律第17号）が2016（平成28）年3月に成立し，2017（平成29）年1月1日から施行予定（資料編Ⅱ参考2 平成27年度に成立した主な法律等を参照）。

出所：図4-1と同じ，資料編175頁。

護を容易にするため所定労働時間等に関し事業主が講ずべき措置を定めるほか，子の養育又は家族の介護を行う労働者等に対する支援措置を講ずること等により，子の養育又は家族の介護を行う労働者等の雇用の継続及び再就職の促進を図り，もつてこれらの者の職業生活と家庭生活との両立に寄与することを通じて，これらの者の福祉の増進を図り，あわせて経済及び社会の発展に資すること」を目的としている。

具体的には，育児休業，介護休業，子の看護休暇，子育てする者の時間外労働の制限などについて規定している（図4-2）。

（4）子ども・子育て支援法

　子ども・子育て支援法は，2012（平成24）年8月に成立した法律で，新たな子ども・子育て支援の仕組みを規定している。

　子ども・子育て支援法は，「我が国における急速な少子化の進行並びに家庭及び地域を取り巻く環境の変化にかんがみ，児童福祉法その他の子どもに関する法律による施策と相まつて，子ども・子育て支援給付その他の子ども及び子どもを養育している者に必要な支援を行い，もつて一人一人の子どもが健やかに成長することができる社会の実現に寄与すること」（第1条）を目的としている。具体的には，子ども・子育て支援給付，地域子ども・子育て支援事業，子ども・子育て支援事業計画，子ども・子育て会議などについて規定されている。

　子ども・子育て支援法は，2015（平成27）年4月に施行されたが，同時に施行された就学前の子どもに関する教育，保育等の総合的な提供の推進に関する法律の一部を改正する法律，子ども・子育て支援法及び就学前の子どもに関する教育，保育等の総合的な提供の推進に関する法律の一部を改正する法律の施行に伴う関係法律の整備等に関する法律とあわせて子ども・子育て関連三法といわれている。

　この子ども・子育て関連三法に基づく「子ども・子育て支援新制度」（以下，新制度）では，幼児期の学校教育・保育，地域の子ども・子育て支援を総合的に推進し，すべての子どもが健やかに成長できる社会の実現を目指している。新制度の体系は，図4-3に示したように，①施設型給付，②地域型保育給付，③地域子ども・子育て支援事業，④仕事・子育て両立支援事業の4つに大きく分けられる。

　新制度では，従来別々であった，保育所，認定こども園，幼稚園の財政措置を一本化するために施設型給付が創設された。さらに，地域型保育給付が新たに創設され，①小規模保育，②家庭的保育，③居宅訪問型保育，④事業所内保育の4つの事業についても財政支援の対象になった。

第4章　子ども家庭福祉の法体系

図4-3　子ども・子育て支援新制度の体系

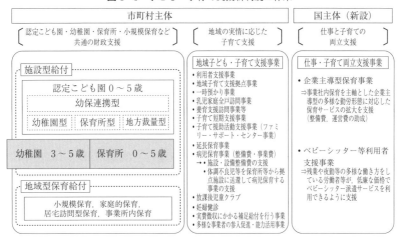

出所：内閣府編『少子化社会対策白書　平成28年版』日経印刷，2016年，48頁。

（5）児童虐待の防止等に関する法律

児童虐待の防止等に関する法律（以下，児童虐待防止法）は，2000（平成12）年に成立した法律で，子ども虐待の対応について規定している。

児童虐待防止法は「児童虐待が児童の人権を著しく侵害し，その心身の成長及び人格の形成に重大な影響を与えるとともに，我が国における将来の世代の育成にも懸念を及ぼすことにかんがみ，児童に対する虐待の禁止，児童虐待の予防及び早期発見その他の児童虐待の防止に関する国及び地方公共団体の責務，児童虐待を受けた児童の保護及び自立の支援のための措置等を定めることにより，児童虐待の防止等に関する施策を促進し，もつて児童の権利利益の擁護に資すること」（第1条）を目的としている。

具体的には，子ども虐待の定義，国および地方公共団体の責務，子ども虐待の早期発見，通告，出頭要求，臨検，警察署長に対する援助要請，子ども虐待を行った保護者に対する指導，面会等の制限などが規定されている。

（6）配偶者からの暴力の防止及び被害者の保護等に関する法律

配偶者からの暴力の防止及び被害者の保護等に関する法律（以下，DV防止法）は2001（平成13）年に「配偶者からの暴力の防止及び被害者の保護に関する法律」として成立した法律である。2013（平成25）年の法改正によって，生活の本拠を共にする交際相手からの暴力およびその被害者についても，配偶者からの暴力およびその被害者に準じて法の適用対象とされることになり，法律名称に「等」がつけ加えられ現行法名となった。

DV防止法は，「配偶者からの暴力に係る通報，相談，保護，自立支援等の体制を整備することにより，配偶者からの暴力の防止及び被害者の保護を図る」（前文）ことを目的としている。

具体的には，国による基本方針の策定，都道府県基本計画の策定，配偶者暴力相談支援センター，被害者の保護，保護命令などについて規定されている。

（7）売春防止法

売春防止法は，1956（昭和31）年に制定された法律で，売春の防止について規定している。

売春防止法は，「売春が人としての尊厳を害し，性道徳に反し，社会の善良の風俗をみだすものであることにかんがみ，売春を助長する行為等を処罰するとともに，性行又は環境に照して売春を行うおそれのある女子に対する補導処分及び保護更生の措置を講ずることによつて，売春の防止を図ること」（第1条）を目的としている。

具体的には，売春の禁止，売春を助長する行為等の刑事処分，補導処分，婦人相談所，婦人相談員，婦人保護施設による保護更生の措置などについて規定している。

(8) 児童買春・児童ポルノに係る行為等の規制及び処罰並びに児童の保護等に関する法律

　児童買春，児童ポルノに係る行為等の規制及び処罰並びに児童の保護等に関する法律（以下，児童買春・児童ポルノ禁止法）は，1999（平成11）年に制定された法律で，児童買春，児童ポルノに係る行為への対応について規定している。

　児童買春・児童ポルノ禁止法は，「児童買春，児童ポルノに係る行為等を規制し，及びこれらの行為等を処罰するとともに，これらの行為等により心身に有害な影響を受けた児童の保護のための措置等を定めることにより，児童の権利を擁護すること」（第1条）を目的としている。

　具体的には，①児童買春，児童ポルノの所持その他児童に対する性的搾取および性的虐待に係る行為の禁止，②児童買春，児童ポルノに係る行為等の処罰，③心身に有害な影響を受けた児童の保護のための措置，などについて規定している。

(9) 発達障害者支援法

　発達障害者支援法は，2004（平成16）年に制定された法律で，発達障害児および発達障害者に対する支援について規定している。

　発達障害者支援法は，「発達障害者の心理機能の適正な発達及び円滑な社会生活の促進のために発達障害の症状の発現後できるだけ早期に発達支援を行うとともに，切れ目なく発達障害者の支援を行うことが特に重要であることにかんがみ，障害者基本法の基本的な理念にのつとり，発達障害者が基本的人権を享有する個人としての尊厳にふさわしい日常生活又は社会生活を営むことができるよう，発達障害を早期に発見し，発達支援を行うことに関する国及び地方公共団体の責務を明らかにするとともに，学校教育における発達障害者への支援，発達障害者の就労の支援，発達障害者支援センターの指定等について定めることにより，発達障害者の自立及び社会参加のためのそ

図 4-4 子供の貧困対策に関する大綱の概要

目的・理念
○ 子供の将来がその生まれ育った環境によって左右されることのないよう，また，貧困が世代を超えて連鎖することのないよう，必要な環境整備と教育の機会均等を図る。 ○ 全ての子供たちが夢と希望を持って成長していける社会の実現を目指し，子供の貧困対策を総合的に推進する。

基本的な方針	指標の改善に向けた当面の重点施策	
○ 貧困の世代間連鎖の解消と積極的な人材育成を目指す。 ○ 第一に子供に視点を置いて，切れ目のない施策の実施等に配慮する。 ○ 子供の貧困の実態を踏まえて対策を推進する。 など，10の基本的な方針	〈教育の支援〉 ○学校をプラットフォームとした子供の貧困対策の推進 ・きめ細かな学習指導による学力保障 ・スクールソーシャルワーカーの配置充実 ○教育費負担の軽減 ・幼児教育の無償化に向けた段階的取組 ・高校生等奨学給付金事業による経済的負担の軽減 ・大学奨学金事業における無利子奨学金の充実，より柔軟な「所得連動返還型奨学金制度」の導入 ○貧困の連鎖を防止するための学習支援の推進 ○学習が遅れがちな中学生を対象とした学習支援 など	〈教育の支援〉 ○保護者の生活支援 ・保護者の自立支援 ○子供の生活支援 ・児童養護施設等を退所した子供のアフターケアの推進，子供の居場所づくりに関する支援等 ○関係機関が連携した支援体制の整備 ・生活困窮者自立支援制度の自立相談支援機関，児童福祉関係者，教育委員会等の関係機関が連携してネットワークを構築 ○支援する人員の確保 ・社会的養護施設の体制整備，相談職員の資質向上等 など
子供の貧困に関する指標	〈保護者に対する就労の支援〉 ○ひとり親家庭の親の就業支援 ・就業支援専門員の配置による支援等 ○生活困窮者や生活保護受給者への就労支援 ○保護者の学び直しの支援 ○在宅就業に関する支援の推進	〈経済的支援〉 ○児童扶養手当と公的年金の併給調整見直し ○ひとり親家庭の支援施策に関する調査研究 ○母子福祉資金貸付金等の父子家庭への拡大 ○養育費の確保に関する支援 など
○ 生活保護世帯に属する子供の高等学校等進学率 90.8%（平成25年） ○ スクールソーシャルワーカーの配置人数 1,008人（平成25年） ○ ひとり親家庭の親の就業率 ・母子家庭の就業率：80.4%（正規 39.4% 非正規 47.4%） ・父子家庭の就業率：91.3%（正規 67.2% 非正規 8.0%） ○ 子供の貧困率 16.3%（平成24年） など，25の指標	〈子供の貧困に関する調査研究等〉 ○子供の貧困の実態把握 ○子供の貧困に関する新たな指標の開発 ○子供の貧困対策に関する情報の収集・蓄積・提供	〈施策の推進体制等〉 ○対策会議を中心とする政府一体となった取組 ○地域の実情を踏まえた自治体の取組の支援 ○官公民の連携プロジェクト・国民運動の展開 など

全ての子供たちが夢と希望を持って成長していける社会の実現

出所：内閣府 HP（http://www8.cao.go.jp/kodomonohinkon/index.html，2017年1月26日アクセス）。

の生活全般にわたる支援を図り，もつて全ての国民が，障害の有無によつて分け隔てられることなく，相互に人格と個性を尊重し合いながら共生する社会の実現に資すること」（第1条）を目的としている。

具体的には，発達障害の早期発見，早期の発達支援，学校教育における発達障害者への支援，発達障害者の就労の支援，発達障害者支援センターなどについて規定している。

なお，この法律では，発達障害を「自閉症，アスペルガー症候群その他の広汎性発達障害，学習障害，注意欠陥多動性障害その他これに類する脳機能の障害であつてその症状が通常低年齢において発現するものとして政令で定めるもの」（第2条）と規定している。

(10) 子どもの貧困対策の推進に関する法律

子どもの貧困対策の推進に関する法律は，2013（平成25）年に制定された法律で，子どもの貧困への対応について規定している。

子どもの貧困対策の推進に関する法律は，「子どもの将来がその生まれ育った環境によって左右されることのないよう，貧困の状況にある子どもが健やかに育成される環境を整備するとともに，教育の機会均等を図るため，子どもの貧困対策に関し，基本理念を定め，国等の責務を明らかにし，及び子どもの貧困対策の基本となる事項を定めることにより，子どもの貧困対策を総合的に推進すること」（第1条）を目的としている。

具体的には，基本理念，国・地方公共団体・国民の責務，子どもの貧困対策に関する大綱の策定，都道府県子どもの貧困対策計画の策定，子どもの貧困対策会議の設置，教育の支援，生活の支援，保護者に対する就労の支援などについて規定している。

なお，この法律に基づいて，2014（平成26）年8月に「子供の貧困対策に関する大綱」が閣議決定されている（図4-4）。

参考文献

山縣文治ら監修『ワイド版社会福祉小六法 2016〔平成28年版〕資料付』ミネルヴァ書房，2016年。

厚生労働統計協会編『国民の福祉と介護の動向 2016/2017』厚生労働統計協会，2016年。

中央法規出版編集部編『改正児童福祉法・児童虐待防止法のポイント（平成29年4月完全施行）新旧対照表・改正後条文』中央法規出版，2016年。

第5章　子ども家庭福祉の実施体制

1　子ども家庭福祉行政の仕組み

(1) 国レベルの子ども家庭福祉行政の仕組み

1) 厚生労働省

　子ども家庭福祉を所管している国の行政機関は厚生労働省で，主な担当部局は雇用均等・児童家庭局である。雇用均等・児童家庭局では，①雇用の分野における男女の均等な機会，待遇の確保，②育児・家族介護を行う労働者の福祉の増進，③子どもの保育，養護，虐待の防止，④子どもの福祉のための文化の向上，⑤母子，父子，寡婦の福祉の増進に関すること，⑥子どもの保健の向上，⑦妊産婦その他母性の保健の向上，などに関する業務を行っている。

2) 社会保障審議会

　社会保障審議会は，厚生労働省に置かれる審議機関で，子ども家庭福祉を含む社会保障全体のあり方などについて調査・審議している。

　具体的には，①厚生労働大臣の諮問に応じて，社会保障に関する重要事項を調査・審議する，②厚生労働大臣や関係各大臣の諮問に応じて，人口問題に関する重要事項を調査・審議する，③先の2つの重要事項に関して，厚生労働大臣や関係行政機関に意見を述べる，などを行っている。

　これらの業務を行うために，社会保障審議会には，分科会や部会が置かれていて，子ども家庭福祉に関することは，主に児童部会で調査審議されている。

3）内閣府子ども・子育て本部

内閣府子ども・子育て本部は，①子ども・子育て支援のための基本的な政策や少子化の進展への対処に係る企画立案・総合調整，②少子化に対処するための施策の大綱の作成および推進，③子ども・子育て支援給付等の子ども・子育て支援法に基づく事務，④認定こども園に関する制度に関することを所管している機関である。

本部を中心として，厚生労働省や文部科学省などの関係省庁が緊密な連携を図りつつ，少子化対策や子ども・子育て支援施策を推進している。

4）子ども・子育て会議

子ども・子育て会議は，子ども・子育て支援法に基づき内閣府に置かれ，子ども・子育て支援の施行に関する重要事項などについて調査・審議している。会議の委員は，子どもの保護者，都道府県知事，市町村長，事業主代表，労働者代表，子ども・子育て支援に関する事業に従事する者，学識経験者のうちから，内閣総理大臣が任命する。

なお，市町村，都道府県においても地方版の子ども・子育て会議といわれる審議会や合議制の機関の設置が努力義務とされており，子ども・子育て支援事業計画の策定などを行っている。

（2）地方レベルの子ども家庭福祉行政の仕組み

1）都道府県

都道府県は，市町村が行う子どもの福祉に関する業務が適正かつ円滑に行われるよう，市町村に対する必要な助言および適切な援助を行うとともに，子どもが心身ともに健やかに育成されるよう，市町村相互間の連絡調整，市町村に対する情報提供，専門的な知識・技術を必要とする相談，調査，判定，指導，小児慢性特定疾病医療費の支給，障害児入所給付費の支給，要保護児童の保護措置，その他子どもの福祉に関する業務を適切に行わなければならないとされている（児童福祉法第3条の3）。これらの業務は，児童相談所長

に委託することができ，多くの場合，実質的には児童相談所で行われている。

2）市町村

市町村は，子どもが心身ともに健やかに育成されるよう，基礎的な地方公共団体として，子どもや妊産婦の福祉についての実情把握，情報提供，相談，調査，指導，障害児通所給付費の支給，保育の実施，その他子どもの身近な場所における支援に関する業務を適切に行わなければならないとされている（児童福祉法第3条の3）。2004（平成16）年の児童福祉法改正により，市町村は子ども家庭福祉に関する相談の第一義的な窓口として位置づけられた。

また，子ども・子育て支援新制度では，市町村を実施主体としており，子ども・子育て支援給付，保育の必要性の認定などの業務を行っている。

3）児童福祉審議会

児童福祉審議会は，都道府県や市町村に置かれる審議機関で，子ども家庭福祉行政に関する事項を調査・審議している。都道府県と政令指定都市には設置が義務づけられているが，市町村の場合は任意で設置できることとされている。

都道府県児童福祉審議会は都道府県知事の，市町村児童福祉審議会は市町村長の管理に属し，それぞれその諮問に答えたり，関係行政機関に意見を具申したりすることができると規定されている。

（3）児童相談所

1）設置・運営

児童相談所は，児童福祉法に規定されている子ども家庭福祉に関する中核的な相談機関であり，都道府県と政令指定都市に設置が義務づけられている。また，中核市および特別区（東京23区）等の人口規模の大きな市も，児童相談所を設置できることになっている。具体的な児童相談所の運営は「児童相談所運営指針」に基づいて行われている。

なお，法律上の名称は児童相談所であるが，地域によって「子ども家庭セ

ンター」といった名称が使われているところもある。

2）業務の内容

児童相談所の主な業務としては，①子どもに関する家庭等からの相談のうち専門的な知識・技術を必要とする相談，②必要な調査，医学的・心理学的・教育学的・社会学的・精神保健上の判定，③調査・判定に基づいた必要な指導，④児童福祉施設等への措置，⑤子どもの一時保護，⑥市町村に対する情報提供，助言等がある。

2004（平成16）年の児童福祉法改正により，子ども家庭福祉に関する相談に応じることが市町村の業務として位置づけられたことにともない，児童相談所の役割は専門的な知識・技術を必要とする相談への対応や，市町村の後方支援に重点が置かれることになった。

3）相談内容と相談援助活動の流れ

2015（平成27）年度の児童相談所の相談受付件数は約43万9,000件で，増加傾向にある。相談内容としては，①養護相談，②保健相談，③障害相談，④非行相談，⑤育成相談，に大きく分けられる。近年，社会的な問題となっている子ども虐待の相談は養護相談に含まれる。

2015（平成27）年度の相談件数の内訳は，障害相談が42.2％，養護相談が36.9％，育成相談が11.4％，非行相談が3.6％，保健相談が0.5％で，最も多いのは障害児や重度の心身障害，発達障害等に対応する障害相談となっている。

児童相談所における相談援助活動の流れは，受理会議，判定会議，援助方針会議などを経て援助内容が決定される（図5-1）。なお，子どもや保護者の意向が児童相談所の措置と一致しないときは，都道府県児童福祉審議会の意見を聴かなければならないこととなっている。

4）組織と職員

児童相談所の組織は，①総務部門，②相談・判定・指導・措置部門，③一時保護部門の3つの部門をもつことが標準とされている。なお，規模が大き

第5章 子ども家庭福祉の実施体制

図5-1 児童相談所における相談援助活動の体系・展開

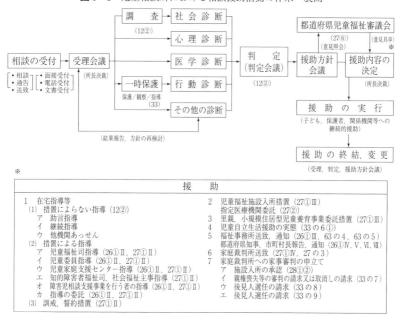

出所：厚生省児童家庭局長「児童相談所運営指針について」雇児発1227第6号，2013年12月27日。

い児童相談所は，相談・判定・指導・措置部門などが細分化されていることがある。

また，必要に応じて地区別構成や，相談種類別構成をとり，相談援助活動の体制を強化している。さらに，子ども虐待等の相談に対して迅速な対応が行えるように，子ども虐待専従チーム等を設置することもある。

児童相談所の職員としては，所長，児童福祉司，児童心理司，医師（精神科医，小児科医），看護師，保健師，児童指導員，保育士，栄養士等が配置されている。また，2016（平成28）年の児童福祉法改正により，弁護士の配置についても規定された。

(4) 福祉事務所と家庭児童相談室

　福祉事務所は，社会福祉行政の第一線機関として，社会福祉六法に規定されている援護，育成，更生の措置に関する業務などを行っている。

　1993（平成5）年度から，老人福祉法と身体障害者福祉法の入所に関する業務などが，2003（平成15）年度からは知的障害者福祉法の入所に関する業務などが市町村に移管され，また2005（平成17）年度からは，子ども家庭福祉に関する相談が市町村の業務になるなど，福祉事務所の業務が大きく変化してきている。

　多くの福祉事務所には，子ども家庭福祉に関する機能を強化するために家庭児童相談室が設置されている。家庭児童相談室には，家庭相談員が配置されており，児童相談所等と連携しながら地域の子どもとその家庭からの相談などにあたっている。

(5) 子ども家庭福祉行政に関する関連機関

1）保健所

　保健所は，地域保健法に規定されている，地域保健に関する中核的な機関であり，都道府県，政令指定都市，中核市その他の政令で定める市・特別区に設置されている。

　保健所の業務は多岐にわたるが，子ども家庭福祉に関連する業務としては，①子どもの保健についての正しい衛生知識の普及，②子どもの健康相談，健康診査，保健指導，③身体に障害のある子どもや長期にわたり療養を必要とする子どもに対する療育指導，④児童福祉施設に対する栄養の改善その他衛生に関する必要な助言，などがある。

2）市町村保健センター

　市町村保健センターは，住民に対して健康相談，保健指導，健康診査その他地域保健に関して必要な事業を行うことを目的とする機関で，市町村に任意で設置されている。

市町村保健センターの子ども家庭福祉に関連する業務としては，①健康診査（1歳6か月健診，3歳児健診など），②保健指導（妊産婦，乳幼児の保護者など），③母子健康手帳の交付，④訪問指導（妊産婦，未熟児など）等がある。

3）母子健康包括支援センター

母子健康包括支援センターは，2016（平成28）年の母子保健法の改正により新たに創設された機関である。必要な実情把握，母子保健に関する相談，保健指導などを行うことにより，母性，乳幼児の健康の保持および増進に関する包括的な支援を行うことを目的としている。

4）家庭裁判所

家庭裁判所は，裁判所法に規定されている裁判所の一つである。家庭裁判所では，①家庭に関する事件の審判および調停，②少年の保護事件の審判等の業務を行っている。

家庭裁判所の業務は多岐にわたるが，子ども家庭福祉に関連する業務としては，①犯罪少年等の通告先，②都道府県知事からの送致，③保護者が児童福祉施設への入所措置に同意しない場合の審判，④親権喪失・親権停止の審判，⑤未成年後見人の選任・解任，⑥養子縁組・特別養子縁組の手続き，等がある。

家庭裁判所には，裁判官，書記官，家庭裁判所調査官などが配置されている。

5）婦人相談所

婦人相談所は，売春防止法に規定されている，要保護女子の保護更生に関する業務を行う機関で，都道府県に設置が義務づけられている。

婦人相談所の主な業務としては，①要保護女子に関する相談，②要保護女子とその家庭に対する必要な調査や医学的，心理学的，職能的判定，必要な指導，③要保護女子の一時保護，等がある。

6）配偶者暴力相談支援センター

配偶者暴力相談支援センターは，配偶者からの暴力の防止及び被害者の保

護等に関する法律（DV防止法）に規定されている機関で，配偶者からの暴力の防止および被害者の保護のための業務を行っている。

配偶者暴力相談支援センターの主な業務としては，①被害者に関する相談，婦人相談員などの紹介，②被害者の心身の健康を回復させるための医学的，心理学的な指導，③被害者の一時保護，④被害者の自立生活を促進するための情報提供，助言，関係機関との連絡調整，⑤保護命令の制度の利用についての情報の提供，助言，関係機関への連絡，⑥保護施設の利用についての情報の提供，助言，関係機関との連絡調整，等がある。

なお，配偶者暴力相談支援センターは，単独で設置されていることはあまりなく，婦人相談所がその機能を果たしている場合が多くなっている。

2　子ども家庭福祉のための施設

（1）児童福祉施設の種類と運営

1）児童福祉施設の種類

児童福祉法では児童福祉施設として，助産施設，乳児院，母子生活支援施設，保育所，幼保連携型認定こども園，児童厚生施設，児童養護施設，障害児入所施設，児童発達支援センター，児童心理治療施設，児童自立支援施設，児童家庭支援センター，の12種類が規定されている（第7条）。

さらに，法律等により児童厚生施設は児童館と児童遊園に，障害児入所施設，児童発達支援センターはそれぞれ医療型と福祉型に細分化されている。

2）児童福祉施設の運営

児童福祉施設の運営は，児童福祉施設の設備及び運営に関する基準に基づいて行われている。この基準は「児童福祉施設に入所している者が，明るくて，衛生的な環境において，素養があり，かつ，適切な訓練を受けた職員の指導により，心身ともに健やかにして，社会に適応するように育成されることを保障する」（第2条）ことを目的として定められている。

具体的には，一般原則，職員の一般的要件，虐待等の禁止，懲戒に係る権限の濫用禁止，衛生管理，食事，健康診断，秘密保持，苦情への対応などが定められている。

さらに，個々の施設については，設備や職員の資格，配置の基準などが定められている。それぞれの施設は「最低基準を超えて，常に，その設備及び運営を向上させなければならない」（第4条）とされている。

なお，幼保連携型認定こども園の運営については，別途，幼保連携型認定こども園の学級の編制，職員，設備及び運営に関する基準に基づいて行われている。

（2）社会的養護のための施設

1）社会的養護の施設の概要

社会的養護とは，保護者がいない子どもや虐待を受けた子どもなどの家庭環境上養護を必要とする子どもを，公的責任で社会的に保護・養育することである。社会的養護を行うのは，乳児院，児童養護施設，児童心理治療施設，児童自立支援施設，母子生活支援施設といった児童福祉施設のほかに，自立援助ホーム（児童自立生活援助事業），里親，ファミリーホーム（小規模住居型児童養育事業）がある。わが国では，社会的養護の対象となる子どもは約4万6,000人であるが，里親等への委託よりも児童養護施設などの施設への入所が中心となっている（表5-1）。

社会的養護の施設の運営については，施設種別ごとに運営指針および運営ハンドブックが作成されている。また，2012（平成24）年度からは，第三者評価を3年に1回以上，受審することが義務づけられている。

2）主な社会的養護施設

① 乳児院

乳児院は「乳児（保健上，安定した生活環境の確保その他の理由により特に必要のある場合には，幼児を含む）を入院させて，これを養育し，あわせて退院し

表 5-1 社会的養護の現状（施設数・里親数・児童数等）

里親	家庭における養育を里親に委託		登録里親数	委託里親数	委託児童数	ファミリーホーム	養育者の住居において家庭養護を行う（定員5～6名）	
			9,949世帯	3,644世帯	4,731人			
	区分（里親は重複登録有り）	養育里親	7,893世帯	2,905世帯	3,599人			
		専門里親	676世帯	174世帯	206人		ホーム数	257か所
		養子縁組里親	3,072世帯	222世帯	224人		委託児童数	1,172人
		親族里親	485世帯	471世帯	702人			

施設	乳児院	児童養護施設	児童心理治療施設	児童自立支援施設	母子生活支援施設	自立援助ホーム
対象児童	乳児（特に必要な場合は，幼児を含む）	保護者のない児童，虐待されている児童その他環境上養護を要する児童（特に必要な場合，乳児を含む）	軽度の情緒障害を有する児童	不良行為をなし，又はなすおそれのある児童及び家庭環境その他の環境上の理由により生活指導等を要する児童	配偶者のない女子又はこれに準ずる事情にある女子及びその者の監護すべき児童	義務教育を終了した児童養護施設等を退所した児童等
施設数	134か所	602か所	43か所	58か所	243か所	123か所
定員	3,865人	33,017人	1,962人	3,753人	4,869人	826人
現員	2,939人	27,828人	1,358人	1,397人	3,465世帯 児童5,766人	486人
職員総数	4,539人	16,672人	995人	1,788人	2,067人	519人

小規模グループケア	1,218か所
地域小規模児童養護施設	329か所

※里親数，FHホーム数，委託児童数は福祉行政報告例（平成27年3月末現在）
※施設数，ホーム数（FH除く），定員，現員，小規模グループケア，地域小規模児童養護施設のか所数は家庭福祉課調べ（平成27年10月1日現在）
※職員数（自立援助ホームを除く）は，社会福祉施設等調査報告（平成26年10月1日現在）
※自立援助ホームの職員数は家庭福祉課調べ（平成27年10月1日現在）
※児童自立支援施設は，国立2施設を含む

出所：厚生労働省「社会的養護の現状について」（平成28年7月版），2016年，1頁，を筆者修正。

た者について相談その他の援助を行うことを目的とする施設」（児童福祉法第37条）である。また，地域の育児相談やショートステイ等の子育て支援，児童相談所からの乳児の一時保護などの役割も担っている。

② 児童養護施設

児童養護施設は「保護者のない児童（乳児を除く。ただし，安定した生活環境の確保その他の理由により特に必要のある場合には，乳児を含む），虐待されてい

る児童その他環境上養護を要する児童を入所させて，これを養護し，あわせて退所した者に対する相談その他の自立のための援助を行うことを目的とする施設」（児童福祉法第41条）である。

近年の入所している子どもの状況として，虐待を受けた子どもや，障害のある子どもの入所が増加している。また，施設の家庭的な環境への移行が進められており，施設のケア単位の小規模化（小規模グループケア）や地域小規模児童養護施設への移行などが進められている。

③　児童心理治療施設

児童心理治療施設は「家庭環境，学校における交友関係その他の環境上の理由により社会生活への適応が困難となつた児童を，短期間，入所させ，又は保護者の下から通わせて，社会生活に適応するために必要な心理に関する治療及び生活指導を主として行い，あわせて退所した者について相談その他の援助を行うことを目的とする施設」（児童福祉法第43条の2）である。2016（平成28）年の「児童福祉法」改正により，情緒障害児短期治療施設から名称が変更された。

児童心理治療施設は，心理的・精神的な問題を抱えて日常生活に支障をきたしている子どもに対して，生活支援を基盤とした心理治療を行い，家庭復帰や里親，児童養護施設での養育につなぐ役割を担っている。治療はできるだけ短期間で終えることが望ましいとされているが，入所期間が長期化する子どももいる。

④　児童自立支援施設

児童自立支援施設は「不良行為をなし，又はなすおそれのある児童及び家庭環境その他の環境上の理由により生活指導等を要する児童を入所させ，又は保護者の下から通わせて，個々の児童の状況に応じて必要な指導を行い，その自立を支援し，あわせて退所した者について相談その他の援助を行うことを目的とする施設」（児童福祉法第44条）である。

少年法に基づく家庭裁判所の保護処分等により入所する場合もある。非行

問題を抱えた子どもへの対応が中心であるが，近年，虐待を受けた子どもや障害のある子どもなど，他の施設での対応が難しい子どもの受け皿にもなっている。

⑤ 母子生活支援施設

母子生活支援施設は「配偶者のない女子又はこれに準ずる事情にある女子及びその者の監護すべき児童を入所させて，これらの者を保護するとともに，これらの者の自立の促進のためにその生活を支援し，あわせて退所した者について相談その他の援助を行うことを目的とする施設」（児童福祉法第38条）である。近年では，DV（配偶者等からの暴力）の被害を理由とする入所が多くなってきている。また，緊急一時保護事業や小規模分園型（サテライト型）施設の設置などさまざまな事業を実施している。

（3）障害児施設

1）障害児施設・事業の一元化

2010（平成22）年の障害者自立支援法の見直し，および児童福祉法の改正によって，障害児の施設体系の再編が行われた（2012年4月施行）。入所による支援を行っていた施設は障害児入所支援に，通所による支援を行っていた施設は，障害児通所支援に一元化された（図5-2）。

2）障害児入所支援

障害児入所施設は，障害のある子どもを入所させて支援を行う施設で，福祉型と医療型に分けられる。福祉型障害児入所施設は，「障害児を入所させて保護，日常生活の指導及び独立自活に必要な知識技能の付与を行う施設」（児童福祉法第42条）である。医療型障害児入所施設は，これに加えて治療を行う。

3）障害児通所支援

児童福祉法第6条の2の2には，障害児通所支援について，①児童発達支援，②医療型児童発達支援，③放課後等デイサービス，④保育所等訪問支援

第5章 子ども家庭福祉の実施体制

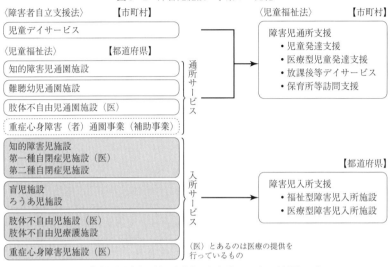

図5-2 障害児施設・事業の一元化

出所：厚生労働省編『厚生労働白書 平成24年版』日経印刷，2012年，資料編225頁。

の4つの支援が規定されている（図5-2）。このうち通所による支援を行っている施設は，児童発達支援と医療型児童発達支援である。

児童発達支援とは「障害児につき，児童発達支援センターその他の厚生労働省令で定める施設に通わせ，日常生活における基本的な動作の指導，知識技能の付与，集団生活への適応訓練その他の厚生労働省令で定める便宜を供与すること」（児童福祉法第6条の2の2第2項）とされている。児童発達支援センターは，障害のある子どもを日々保護者の下から通所させて支援を行う施設である。福祉型と医療型の2つがあり，福祉型児童発達支援センターは「日常生活における基本的動作の指導，独立自活に必要な知識技能の付与又は集団生活への適応のための訓練」（児童福祉法第43条）を行うことを目的としている。

医療型児童発達支援とは「上肢，下肢又は体幹の機能の障害（以下「肢体不自由」）のある児童につき，医療型児童発達支援センター又は独立行政法人

国立病院機構若しくは国立研究開発法人国立精神・神経医療研究センターの設置する医療機関であつて厚生労働大臣が指定するもの（以下「指定発達支援医療機関」）に通わせ，児童発達支援及び治療を行うこと」（児童福祉法第6条の2の2第3項）とされている。医療型児童発達支援センターは，「日常生活における基本的動作の指導，独立自活に必要な知識技能の付与又は集団生活への適応のための訓練及び治療」（児童福祉法第43条）を行うことを目的としている。

（4）健全育成のための施設
1）保育所

保育所は「保育を必要とする乳児・幼児を日々保護者の下から通わせて保育を行うことを目的とする施設」（児童福祉法第39条）である。保育所は児童福祉施設のなかで最も多く設置されている施設であり，全国で2万カ所以上あるが，都市部を中心にいわゆる「待機児童」が社会問題となっている。

2）幼保連携型認定こども園

幼保連携型認定こども園は，「学校就学前の子どもの教育，保育，および保護者等に対する子育て支援を一体的に提供する施設」である。子ども・子育て支援新制度の施行にともなって，新たに児童福祉法に規定された。職員は，幼稚園教諭免許と保育士資格の両方をもつ保育教諭が配置されている。

3）児童厚生施設

児童厚生施設は「児童遊園，児童館等，児童に健全な遊びを与えて，その健康を増進し，又は情操をゆたかにすることを目的とする施設」（児童福祉法第40条）である。児童遊園は屋外の児童厚生施設で，広場，遊具などが設置されている。また，児童館は，屋内の児童厚生施設で，集会室，遊戯室，図書室などが設置されている。

4）助産施設

助産施設は「保健上必要があるにもかかわらず，経済的理由により，入院

助産を受けることができない妊産婦を入所させて，助産を受けさせることを目的とする施設」(児童福祉法第36条) である。主に産科病院や助産所が助産施設として指定されている。

5) 児童家庭支援センター

児童家庭支援センターは，1997 (平成9) 年の児童福祉法改正によって制度化された施設である。地域の子どもの福祉に関する各般の問題について，専門的な知識・技術を必要とする相談の対応等を行っている (児童福祉法第44条の2)。多くは児童養護施設等の施設に附置されている。

(5) 母子・父子福祉施設

母子及び父子並びに寡婦福祉法には，母子・父子福祉施設として，母子・父子福祉センターと母子・父子休養ホームが規定されている。

母子・父子福祉センターは，「無料又は低額な料金で，母子家庭等に対して，各種の相談に応ずるとともに，生活指導及び生業の指導を行う等，母子家庭等の福祉のための便宜を総合的に供与することを目的とする施設」(母子及び父子並びに寡婦福祉法第39条の2) である。

母子・父子休養ホームは，「無料又は低額な料金で，母子家庭等に対して，レクリエーションその他休養のための便宜を供与することを目的とする施設」(母子及び父子並びに寡婦福祉法第39条の3) である。

(6) 婦人保護施設

婦人保護施設は売春防止法に規定されている施設で，「要保護女子を収容保護するための施設」(売春防止法第36条) と規定されている。近年は，要保護女子にあわせて，DV 被害者の保護も行っている。配偶者からの暴力の防止及び被害者の保護等に関する法律 (DV 防止法) には「婦人保護施設において被害者の保護を行うことができる」(DV 防止法第5条) と規定されている。

3 子ども家庭福祉の財源と費用負担

(1) 子ども家庭福祉を推進するための財源

　子ども家庭福祉を推進するために必要な財源は，公費（税金），利用者負担（保護者負担），事業主負担，保険料などによってまかなわれているが，主要な財源は公費となっている。国から支出される公費は，①国庫補助金，②地方交付税交付金に分けられる。国庫補助金は，特定の目的のために予算化されている財源である。この補助金は，目的の事業以外に使用することは認められない。

　一方，地方交付税交付金は，使途が限定されない一般財源となっている。子ども家庭福祉の分野では，児童相談所の運営費や公営保育所の運営費，民生委員・児童委員の活動の費用などが対象である。

(2) 児童福祉施設の整備に係る費用

1) 次世代育成支援対策施設整備交付金

　児童福祉施設の整備については，従来の社会福祉施設等施設整備補助金が再編され，2005（平成17）年度からは次世代育成支援対策施設整備交付金による助成制度で行われている。

　この交付金は，「次世代育成支援対策推進法」に基づく行動計画に従い，地域の実情に応じた次世代育成支援対策に資する児童福祉施設等の施設整備を支援することを目的としている。

2) 保育所等整備交付金

　保育所の整備については，2015（平成27年）に保育所の待機児童の解消を図ることを目的として，新たに創設された保育所等整備交付金による助成制度で行われている。

3）社会福祉施設整備補助金

　障害児入所施設および児童発達支援センター等については，社会福祉施設整備補助金による助成制度で行われており，社会福祉法人が施設を整備する場合，その整備費について国が2分の1，都道府県（政令指定都市・中核市を含む）が4分の1を補助することになっている。

（3）児童福祉施設等の運営に係る費用

1）児童入所施設措置費等

　児童入所施設措置費等は，児童福祉施設（乳児院，児童養護施設，児童心理治療施設など）や里親への措置，助産施設，母子生活支援施設への入所，保育の措置，児童自立生活援助事業の実施，一時保護を行った場合の養育等を保障するための費用である。これらの費用は，一般に措置費と呼ばれており，事務費（職員の人件費など，施設を運営するために必要な諸経費），事業費（子どもの生活に直接必要な諸経費）に大きく分けられる。

　児童入所施設措置費等については，児童福祉法の規定によって表5-2に示したような負担区分に従って，国，都道府県，市町村がそれぞれ負担することになっている。

2）子ども・子育て支援新制度に係る費用

　子ども・子育て支援新制度に係る費用は，子どものための教育・保育給付負担金と子ども・子育て支援交付金に大きく分けられる。

　子どものための教育・保育給付負担金は，施設型給付と地域型保育給付に係る費用で，国が2分の1，都道府県が4分の1，市町村が4分の1を負担することになっている。ただし，施設型給付のうち，公立保育所と公立幼稚園の費用については，地方交付税交付金の中に含まれているため，市町村が一般財源の中から負担することとなっている。

　子ども・子育て支援交付金は，地域子ども・子育て支援事業の実施に係る費用で，国が3分の1，都道府県が3分の1，市町村が3分の1を負担する

表5-2 児童入所施設措置費等の負担区分

経費の種別	措置等主体の区分	児童等の入所先等の区分	措置費等の負担区分		
			市町村	都道府県	国
母子生活支援施設及び助産施設の措置費等	市及び福祉事務所を管理する町村	市町村立施設及び私立施設	1/4	1/4	1/2
		都道府県立施設		1/2	1/2
	都道府県,指定都市,中核市	都道府県立施設,市町村立施設及び私立施設		1/2	1/2
その他の施設里親の措置費等	都道府県,指定都市,児童相談所設置市	都道府県立施設,市町村立施設及び私立施設		1/2	1/2
一時保護所の措置費等	都道府県,指定都市,児童相談所設置市	児童相談所（一時保護施設）		1/2	1/2
保育の措置費	市町村（指定都市,中核市含む。）	特定教育・保育施設及び特定地域型保育事業所（以下「特定教育・保育施設等」という。）	1/4	1/4	1/4

出所：「児童福祉法による児童入所施設措置費等国庫負担金について」（平成28年1月20日 厚生労働省発雇児0120第6号）。

ことになっている。

3）障害児を対象とするサービスに係る費用

児童福祉法に基づく障害児を対象とするサービスに係る費用は，①障害児入所給付費（障害児入所施設での支援に要する費用），②障害児通所給付費（児童発達支援センター等での支援に要する費用），③障害児相談支援給付費（障害児相談支援に要する費用）に大きく分けられる。

それぞれの費用は，利用者（保護者）に支給される仕組みになっているが，実際には多くの場合，施設・事業者が，利用者（保護者）に代わって費用を受け取る法定代理受領により施設・事業者に支給されている。

第5章　子ども家庭福祉の実施体制

(4) 利用者負担
1) 子ども家庭福祉サービスの利用者負担

　子ども家庭福祉サービスの費用については，児童福祉法第56条の規定に基づいて，厚生労働大臣や都道府県知事，市町村長が，利用者（本人もしくは保護者等）から負担能力に応じて，その費用の全額またはその一部を徴収できることになっている。

　子ども家庭福祉サービスの利用者負担は，応益負担と応能負担がある。応益負担は，利用者の所得額等に関係なく利用したサービスの内容に応じて，その費用の一部を定額負担する方法である。応能負担は，利用者の所得額や税額に応じて費用を負担する方法である。子ども家庭福祉サービスでは，多くの場合，応能負担によって利用者が負担する費用が定められている。

2) 児童福祉施設入所の利用者負担

　児童福祉施設へ入所した場合の利用者負担は，応能負担となっている。国が定める利用者負担額（費用徴収額）の基準は，個々の世帯の所得税，市町村民税の課税階層区分ごとに金額が定められている。実際には，この基準を基にそれぞれの地方自治体が家計に与える影響などを考慮しながら定めることになっている。

3) 特定教育・保育施設等の利用者負担

　特定教育・保育施設等の利用者負担は応能負担となっており，国が定めた基準を限度として，それぞれの市町村が地域の事情などを考慮しながら定めることになっている。

　表5-3は国が定めた基準であるが，教育標準時間認定（1号認定）を受ける子どもについては，従来の幼稚園就園奨励費を考慮して設定されている。また，保育認定（2号認定・3号認定）を受ける子どもについては，従来の保育所運営費による保育料設定を考慮して設定されている。1号認定，2号認定・3号認定のそれぞれにおいて，施設・事業の種類に関係なく同一の基準となっている。

表 5-3 特定教育・保育施設等の利用者負担（月額）

○ 平成27年度予算に基づき国が定める利用者負担の上限額基準（国庫（都道府県）負担金の清算基準）は，次のとおり。

教育標準時間認定の子供
（1号認定）

階層区分	利用者負担
①生活保護世帯	0円
②市町村民税 非課税世帯 （所得割非課税世帯含む）	3,000円
③市町村民税 所得割課税額 77,100円以下	16,100円
④市町村民税 所得割課税額 211,200円以下	20,500円
⑤市町村民税 所得割課税額 211,201円以上	25,700円

※ 小学校3年以下の範囲において，最年長の子供から順に2人目は上記の半額，3人目以降については0円とする。
※ ただし，給付単価を限度とする。
※ なお，平成26年度の保育料等の額が市町村が定める利用者負担額よりも低い私立幼稚園・認定こども園については，現在の水準を基に各施設で定める額とすることも認める（経過措置）。

保育認定の子供
（2号認定：満3歳以上）（3号認定：満3歳未満）

階層区分	利用者負担		利用者負担	
	保育標準時間	保育短時間	保育標準時間	保育短時間
①生活保護世帯	0円	0円	0円	0円
②市町村民税 非課税世帯	6,000円	6,000円	9,000円	9,000円
③所得割課税額 48,600円未満	16,500円	16,300円	19,500円	19,300円
④所得割課税額 97,000円未満	27,000円	26,600円	30,000円	29,600円
⑤所得割課税額 169,000円未満	41,500円	40,900円	44,500円	43,900円
⑥所得割課税額 301,000円未満	58,000円	57,100円	61,000円	60,100円
⑦所得割課税額 397,000円未満	77,000円	75,800円	80,000円	78,800円
⑧所得割課税額 397,000円以上	101,000円	99,400円	104,000円	102,400円

※ 満3歳に到達した日の属する年度中の2号認定の利用者負担額は，3号認定の額を適用する。
※ 小学校就学前の範囲において，特定教育・保育施設等を同時に利用する最年長の子供から順に2人目は上記の半額，3人目以降については0円とする。
※ ただし，給付単価を限度とする。

注：また，ひとり親世帯等，在宅障害児（者）のいる世帯，その他の世帯（生活保護法に定める要保護者等特に困窮していると市町村の長が認めた世帯）の子供については，第2階層は0円，第3階層は上記額より1,000円減とする。
資料：内閣府資料。
出所：内閣府『少子化社会対策白書 平成27年版』日経印刷，2015年，58頁。

表5-4 障害児を対象とするサービスの利用者負担

区 分	世帯の収入状況		負担上限月額
生活保護	生活保護受給世帯		0円
低所得	市町村民税非課税世帯		0円
一般1	市町村民税課税世帯 (所得割28万円(注)未満)	通所施設, ホームヘルプ利用の場合	4,600円
		入所施設利用の場合	9,300円
一般2	上記以外		37,200円

注:収入が概ね890万円以下の世帯が対象となります。
出所:厚生労働省HP (http://www.mhlw.go.jp/, 2017年1月27日アクセス)。

4) 障害児を対象とするサービスの利用者負担

障害児を対象とするサービスの利用者負担は,応能負担となっている。表5-4は国が定めた基準を示している。所得に応じて4区分の負担上限月額が設定されており,1カ月に利用したサービス量にかかわらず,それ以上の負担は生じないこととなっている。

参考文献
内閣府編『少子化社会対策白書 平成28年版』日経印刷,2016年。
厚生労働省編『厚生労働白書 平成28年版』日経印刷,2016年。
厚生労働省「社会的養護の現状について(平成28年7月版)」2016年。

第6章　子ども家庭福祉にかかわる専門職

1　子ども家庭福祉と専門職

　子ども家庭福祉では，個々の子どもの最善の利益を守ることはもちろんであるが，子どもをとりまく環境的側面への支援・連携が必要不可欠である。もっとも子どもに身近な環境である家庭をはじめ，子どもの通う幼稚園や学校，医療機関，福祉に関する機関・施設・各種団体・サービス，裁判所，警察，地域など，さまざまなところ，人との支援・連携によって成り立っている。

　このため，子ども家庭福祉には，多くの専門職がかかわっている。また，子ども家庭福祉では，福祉領域の専門職のみではなく，子どもと家庭に関連する分野の専門職や，地域の人びとをはじめとする専門職以外の人々との密接な連携も必要である。これらのうち，主なものについて学んでみよう。

（1）子どもと家庭を支える公的機関の福祉専門職

　子ども家庭福祉では，その支援の場に応じてさまざまな専門職が配置されている。公的な機関の子ども家庭福祉専門職として代表的なものは，児童相談所で働く児童福祉司，福祉事務所や家庭児童相談室で子ども家庭相談に応じる職員などである。

1）児童相談所で働く福祉専門職

　児童相談所で働く福祉専門職を児童福祉司という。児童福祉司は任用資格であり，その要件は，①大学で心理学，教育学，社会学を専修する学科やこ

れらに相当する課程を修めて卒業した者で厚生労働省令で定める施設において1年以上児童やその他の者の福祉に関する相談に応じ，助言，指導その他の援助を行う業務に従事した人，②医師，③社会福祉士，④社会福祉主事として2年以上児童福祉事業に従事した人などと定められている。

　児童福祉司の主な業務内容は，①子どもや保護者等から子どもの福祉に関する相談に応じること，②必要な調査や社会診断を行うこと，③子ども，保護者，関係者等に必要な支援や指導を行うこと，④子どもや保護者等の関係調整を行うこととなっている。

　子どもの福祉に関する相談としては，①子どもの身体障害，知的障害，発達障害等に関する障害相談，②児童虐待，保護者の離婚や行方不明等の家庭環境に関する養護相談，③子どものしつけや不登校，性格や行動に関する育成相談，④子どもの非行に関する非行相談などがある。子どもや子育て家庭をとりまくさまざまな問題・課題に対応できるよう，受け付ける相談内容は多岐にわたっている。ニュース等で見聞きする児童相談所は，虐待関連の事件が多くを占めているため，養護相談への相談対応が多いように感じられるが，実際は障害相談が最も多い。児童相談所の支援は，子どものみに行われるものではなく，子どもを取り巻く環境へのはたらきかけや連携，子どもの過去・現在・将来を見据えた支援を検討する必要があることから，高い専門性をもった支援が求められる。

　しかし一方で，児童相談所での高い専門性をもった支援には，専門職の増員が必要にもかかわらず，その体制が整っていないという課題もある。このため，2019年度までの専門職増員にかかわる配置目標等を盛り込んだ「児童相談所強化プラン」が作成され，体制強化が目指されている。

2）福祉事務所で働く福祉専門職

　福祉事務所で働く福祉専門職を社会福祉主事という。社会福祉主事は任用資格であり，その要件は，学校教育法に定める大学（短期大学含む）において指定科目を履修して卒業した人となっている。社会福祉主事は，福祉事務

所には必置となっており，福祉事務所のない町村でも任意で配置することができる。市町村が子ども家庭福祉相談の窓口となったことを受けて，社会福祉主事の行う支援も多岐にわたっている。しかし，子ども家庭福祉相談には子どもや家庭に関する豊富な知識，子どもと家庭を支援するための支援技術が必要なこと，社会福祉主事でなくとも相談を受け付けられることから，保育士等が少なからず配置されているのが現状である。しかし，現代の子どもと家庭を取り巻く環境を考えれば，福祉専門職による子どもと家庭の環境的側面を含めた支援の展開が必要である。

また，多くの福祉事務所には家庭児童相談室が設置されている。ここには家庭相談員が配置されており，相談支援を行っている。家庭相談員は，①大学等で児童福祉，社会福祉，児童学，心理学，教育学，社会学を専修する学科やこれらに相当する課程を修めて卒業した人，②医師，③社会福祉主事として2年以上児童福祉の業務経験がある人となっている。しかし，多くは非常勤職員としての採用であり，年々増加する子ども家庭福祉相談に応じるために十分な配置とは言い難い状況である。

福祉事務所には，母子・父子自立支援員も配置されている。母子・父子自立支援員の多くは非常勤であり，①父母の相談に応じたり必要な情報を提供したりすること，②求職や職業に関する支援をすることがその役割である。

3）婦人相談所等で働く福祉専門職

婦人相談員も公的機関で働く福祉専門職である。多くが都道府県の婦人相談所，福祉事務所に非常勤で配置されている。婦人相談員は，社会的信望があり，熱意と識見を持っている人のうちから都道府県知事または市町から委嘱される。その職務は，①要保護女子等を発見すること，②DV相談も含め各種相談に応じること，③必要な指導等を行うことである。

（2）子どもと家庭を支える施設等の福祉専門職

子ども家庭福祉では，公的機関の福祉専門職以外にも，施設で子どもと家

表 6-1 子ども家庭福祉施設で働く主な人々（施設長を除く）

施設名	職　種
助産施設	医師, 看護師, 助産師（第 2 種助産施設の場合）
乳児院	医師（嘱託医可）, 看護師（乳幼児10人の乳児院には最低 2 人以上, 10人以上の場合, おおむね10人増すごとに 1 人以上とし, 残りは保育士または児童指導員で代替可能）, 個別対応職員, 家庭支援専門相談員, 里親支援専門相談員他。心理療法担当職員は, 心理療法が必要な乳幼児（保護者を含む）10人以上の場合配置
母子生活支援施設	母子支援員, 嘱託医, 少年を指導する職員（少年指導員）, 保育士他 心理療法担当職員は, 心理療法が必要な母子10人以上の場合配置。
保育所	保育士, 嘱託医, 調理員
幼保連携型認定こども園	主幹保育教諭, 指導保育教諭または保育教諭, 調理員他 (以下, 努力義務) 副園長または教頭, 主幹養護教諭, 養護教諭他
児童厚生施設	児童の遊びを指導する者
児童養護施設	児童指導員, 嘱託医, 保育士, 個別対応職員, 家庭支援専門相談員, 里親支援専門相談員他 乳児が入所している場合, 看護師 心理療法担当職員は, 心理療法が必要な児童10人以上の場合配置
福祉型障害児入所施設	①主たる対象が知的障害児童・盲ろうあ児 　嘱託医, 児童指導員, 保育士, 児童発達支援管理責任者他 ②主たる対象が自閉症児 　①に加え, 医師, 看護師 ③主たる対象が肢体不自由児 　①に加え, 看護師 　心理指導担当職員は, 心理指導が必要な児童 5 人以上の場合配置。職業指導をおこなう場合職業指導員
医療型障害児入所施設	①主たる対象が自閉症児 　病院として必要な職員, 児童指導員, 保育士, 児童発達支援管理責任者 ②主たる対象が肢体不自由児 　①に加え, 理学療法士または作業療法士 ③主たる対象が重症心身障害児 　②に加え, 心理指導担当職員
福祉型児童発達支援センター	①主たる対象が難聴児・重症心身障害児以外 　嘱託医, 児童指導員, 保育士, 児童発達支援管理責任者他。機能訓練を行う場合, 機能訓練担当職員 ②主たる対象が難聴児 　①に加え, 言語聴覚士 ③主たる対象が重症心身障害児 　①に加え, 看護師

第6章　子ども家庭福祉にかかわる専門職

施設名	職　種
医療型児童発達支援センター	医療法に規定する診療所として必要な職員のほか，児童指導員，保育士，看護師，理学療法士または作業療法士，児童発達支援管理責任者
児童心理治療施設	医師，心理療法担当職員，児童指導員，保育士，看護師，個別対応職員，家庭支援専門相談員他
児童自立支援施設	児童自立支援専門員，児童生活支援員，精神科の診療に相当の経験を有する医師（嘱託可），個別対応職員，家庭支援専門相談員他 心理療法担当職員は，心理療法が必要な児童10人以上の場合配置 実習設備を設けて職業指導をおこなう場合，職業指導員
児童家庭支援センター	支援担当職員

資料：「児童福祉施設の運営に関する基準」をもとに筆者作成。
出所：山縣文治『子ども家庭福祉論』ミネルヴァ書房，2016年，88-89頁，を一部修正。

庭を支援する福祉専門職が配置されている（表6-1）。施設等で働く子ども家庭福祉専門職として代表的なものは，児童指導員，保育士，保育教諭などである。

1）児童指導員

　児童指導員は，多くの児童福祉施設に配置されている専門職である。子どもや家庭への相談援助業務のみではなく，生活場面等での実際の子どもとのかかわりの中でその支援を展開している。

　児童指導員は任用資格であり，その要件は，①都道府県知事の指定する児童福祉施設の職員を養成する学校等を卒業した人，②社会福祉士，③精神保健福祉士，④大学で社会福祉学，心理学，教育学，社会学を専修する学科やこれらに相当する課程を修めて卒業した人などと定められている。

　配属される場による支援のあり方はさまざまであり，個々の子どもと家庭への支援を展開する高い専門性が必要とされる。個々の子どもと家庭のもっているニーズは一つひとつ異なっている。子どもと家庭の現在の状況，その環境の現状に関する的確なみたてができるだけではなく，子どものこれまでの育ち（過去），子どもの将来的な展望（未来）を含めた支援の検討と実践が

求められる。子どもの生活施設等においては，一見，保育士との業務内容の違いが分かりにくいこともある。児童指導員は子どもや家庭の環境的側面も含めた福祉的視点をもった支援を展開していることが大きな違いである。また，施設によっては，児童指導員は管理的業務や児童相談所等の他機関との連携など対外的業務にも携わる一方，保育士は子どもの生活支援を主に行うなどとして業務を分け特徴づけていることも多い。

2）保育士

保育士は，保育所を中心に，さまざまな児童福祉施設に配置されている専門職である。保育士は国家資格であり，①都道府県知事の指定する保育士を養成する学校その他の施設を卒業した人，②保育士試験に合格した人，がこの資格を持つこととなる。

保育士は，児童指導員と同じく子どもと家庭への支援を行うが，より子どもの発達・成長といった事柄に対応する詳細な知識・技能を持つ専門職である。前述のように，児童指導員との業務の違いがわかりにくい部分もあるが，それぞれの専門性を活かし，連携した支援をすることが重要である。

3）保育教諭

保育教諭は，幼保連携型認定こども園が創設されたことによってできた免許である。保育教諭は幼保連携型認定こども園で子どもへの保育・教育を日々行っている。

保育教諭には，保育士資格と幼稚園教諭免許の双方が必要である。しかし，2020年までの期間は，新しくできた免許に対応するための移行期間として，保育士資格と幼稚園教諭免許のどちらか一方のみでの配属も可能となっている。また，一方のみの資格・免許しか持たない人が，もう一方の資格・免許を取得しやすくするという特例措置が取られてもいる。

4）その他子どもと家庭の支援にあたる専門職

これらのほか，配属される施設によって，母子生活支援施設に配属されている母子支援員，児童館等に配置される児童の遊びを指導する者（児童厚生

員とも呼ばれる），児童自立支援施設に配属される児童自立支援専門員や児童生活支援員といった職種があり，それぞれの配属先で子どもと家庭への支援にあたっている。

（3）子どもと家庭を支える福祉関連分野の専門職

子ども家庭福祉における支援は，福祉のみで行われるのではなく，他の分野の専門職と密接な連携のもとで行われる。その代表的なものとして，児童相談所の児童心理司，幼稚園や学校の教諭，医師，看護師，保健師，栄養士，調理員，警察官，家庭裁判所調査官，法務教官等が挙げられる。個々の子どもと家庭の課題によって，必要な専門職は異なっている。個々のニーズに合わせて連携が行われる。

1）児童心理司

児童心理司は，児童相談所で働く心理分野の専門職の一つである。児童心理司は，任用資格であり，その要件は大学で心理学を専修する学科やこれに相当する課程を修めて卒業した人等となっている。

児童心理司の主な業務内容は，①子どもや保護者等の相談に応じ，診断面接，心理検査，観察等によって子どもや保護者等に対し心理診断を行うこと，②子どもや保護者，関係者等に心理療法，カウンセリング，助言指導等の指導を行うことである。

任用要件は厳しいものではないものの，その業務内容には高い専門性が求められる。このため，実際には臨床心理士などが採用されていることが多い職種である。

2）幼稚園教諭・学校教諭

幼稚園教諭や，小学校以上の学校教諭も，子ども家庭福祉に関連する，教育分野の専門職である。子どもは，義務教育を中心に，成長過程の中で必ず教育を受け育っていく。そのなかで，個々の障害に応じた教育や，家庭環境に応じた対応が必要となることも少なからずある。子ども虐待の発見や発見

したときの通告，その後の調査等においても幼稚園教諭や学校教諭は大きな役割をもっている。また，子どもの施設においても，入所・通所する子どもが地域の幼稚園・学校・特別支援学校等に通っていることから，日々連携して子どもや家庭への支援を展開している。

3）医師・看護師

医師・看護師といった医療専門職も，子ども家庭福祉で大きな役割を担っている。子どもには，疾病・障害・虐待等の個々の抱える課題や，成長・発達への支援が重要である。また，子どもの保護者等の家庭の健康や疾病・障害に関する支援も必要である。子ども虐待における通告や調査において医療専門職の果たす役割も大きい。子ども家庭福祉専門職による支援では，心身双方の健康の維持や診断，治療を行う医療専門職との連携は欠かすことができないものである。

4）保健師

保健師も子ども家庭福祉において重要な役割を担っている。地域において，健診事業や訪問事業における子どもと母親の心身の健康のチェックや維持，保健指導などが行われているとともに，生活施設で暮らす子どもの保護者の心身の健康への指導なども行っている。子どもが健やかに暮らすことができるよう，地域で暮らす子どもとその養育者の心身の状態を確認し，問題・課題の予防や早期発見の段階から守り支える存在である。

5）栄養士・調理員

食事を提供するため，栄養士・調理員の配置が必要な施設もある。特に子どもの生活施設においては，学校給食を除く毎食を提供するため，栄養士や調理員の役割は大きい。入所前に成長・発達に必要な栄養を摂取できていない子ども，適切な食事を提供されてこなかった子どもなどもいるため，その働きは子どもの体の成長・発達のみではなく，心の成長・発達や生活体験を増やすことにもつながるものである。

6）警察官

　警察官も子ども家庭福祉において，子どもを守り，家庭を守る役割を担っている。地域の中で非行行為や家出等を行う子どもたち，虐待を受けている子どもたち，DV 被害に遭っている大人やそれを見聞きする子どもたち等の情報を得て，児童相談所など子ども家庭福祉分野の支援につなげたり，地域の子どもの日々の安全を守ったりする重要な役割である。

7）家庭裁判所調査官・法務教官

　家庭裁判所調査官は，家庭裁判所に配置されている国家公務員である。子どもの非行などの調査のみではなく，子どもの養育者の離婚や，養子縁組など，子ども家庭福祉に大きなかかわりをもつ職種である。

　また，法務教官は少年鑑別所や少年院に配置される国家公務員である。非行少年の非行に至った理由から社会復帰までを支える職種である。

　子どもの非行については，「罰すること」が目的ではなく，あくまで教育によって子どもが「更生していくこと」が目的である。家庭環境の課題，人間関係の持ち方の課題や発達障害など，子どもが非行行為におよぶ原因はそれぞれ異なっている。なぜ自分が非行に至ったのかを理解できないでいる子どもも少なくない。こういった個々の子どもの事情に親身に耳を傾け，児童相談所をはじめとした福祉専門職との密接な連携の下で，支援を展開する大きな役割を持っている。

8）弁護士

　子ども家庭福祉において，親権や養子縁組等法的な対応が求められる際の専門家である弁護士の役割は重要である。2016（平成28）年の児童福祉法改正では，児童相談所への弁護士の配置またはこれに準ずる措置が求められることとなった。

（4）子どもと家庭を支える地域の人びと

　子育てをしている家庭はすべて地域の中にあり，すべての子どもは地域の

なかで生活している。このため，地域において子どもや子どもの育つ家庭を支える人びとの存在，地域住民との連携は非常に重要である。地域のなかに適切に養育されていない子どもがいないかどうか把握することには地域住民の力を借りることが大切である。

　また，近年，子どもの貧困といった問題が顕在化していることにより，貧困家庭の子ども等を対象とする「子ども食堂」や学習支援等も，地域の中で活発に展開されるようになっている。地域の中には，公的機関や施設で対応することが難しい課題に，きめ細やかに対応できる力があふれている。ここでは，地域の中で子どもと家庭を支えている，里親，民生・児童委員，保護司・少年補導員，子育て支援員，地域住民について取り上げる。

1）里　　親

　里親（第7章参照）は，子ども家庭福祉のなかで，社会的養護を担う重要な存在である。里親は地域で生活する住民であるとともに，家庭で暮らすことの難しい子どもたちへの支援を自宅で行うことを通して社会的養護を実践している。

　里親は，ただ単に「子どもが好きだから」といった気持ちだけでできるものではない。委託される子どものニーズはさまざまであり，ネガティブな言動で自身の葛藤や願いなどをぶつけてくる子どもも多い。里親には個々の子どものニーズに対応した支援や，実家庭との交流支援を展開するための，深い知識と高い技術が必要とされる。里親には，研修・実習や里親としての認定・登録などが必要とされている。しかし，里親に対するサポートは不足しており，今後どのように里親を支援していくかが課題である。

2）民生・児童委員

　民生・児童委員は厚生労働大臣の委嘱を受けて地域でさまざまな福祉活動を展開している。民生委員は児童委員を兼ねており，子どもや子育て家庭に関する活動に専念する主任児童委員もいる。子育てに不安のある保護者への見守りや支援をしたり，保護者と低年齢児が集まる場を設けたりと，地域の

子ども家庭への住民ならではの特性を活かした支援を展開している。

3）保護司・少年補導員

保護司は，法務大臣の委嘱を受けて活動している。犯罪を犯した人や非行に走った子どもの更生を支援することや，犯罪の予防のための啓発活動や宣伝活動を行うという役割をもっている。

少年補導員は，警察署長の推薦によって警察本部長が委嘱して活動している。地域の実情に詳しい住民であるという利点を活かして，要保護児童の発見と保護，非行少年等の発見と補導等を担っている。

4）子育て支援員

子育て支援員は，子ども・子育て支援法によって実施される地域子ども・子育て支援事業で活動する人のことである。子育て支援員は，その活動に応じた研修を受けることとなっている。研修は大きく4種類となっており，①地域保育コースという小規模保育事業や家庭的保育事業，事業所内保育事業や一時預かり事業など，保育を支援するもの，②地域子育て支援コースという利用者支援事業や地域子育て支援拠点事業といった地域の子育てを支援するもの，③放課後児童コースという放課後児童クラブを支援するもの，④社会的養護コースという乳児院や児童養護施設といった子どもの生活施設で支援するものに分かれている。

5）地域住民

地域住民も，子ども家庭福祉において，とても大切な存在である。さまざまな専門職やサービスが地域の中で展開されているが，児童虐待など日々暮らす地域の住民の見守りによって潜在化していた問題が顕在化することも少なくない。児童虐待の防止等に関する法律（児童虐待防止法）には，「虐待を受けたと思われる児童」を発見した人は通告するよう明記されている。児童虐待の早期発見という重要な役割を地域住民はになっている。また，障害や子どもへの不適切なかかわり，いじめ，非行など，子どもを取り巻くさまざまな課題について，地域のあたたかな見守りは重要である。「よその子」で

はなく「自分の街の子」「社会の子」として，小さな微笑み一つであっても，地域住民は子どもと子育て家庭を見守り応援する立場となることができる。

2　子ども家庭福祉に関連する分野の機関

子ども家庭福祉に関連する分野の機関として代表的なものには，子どもたちの通う教育機関のほか，保健所，裁判所，警察等がある。

（1）教育機関

子ども家庭福祉には，幼稚園や小学校・中学校・高等学校など，教育機関での教育が密接に関連している。育児知識や技術の自然な伝達の困難さ，就労による時間的余裕の不足等から，家庭内での教育が，幼児教育や学校教育に託されることが少なからずあるのが現代である。教育に加えて，子どもの養育に必要な相談を受けることも多い。

また，就学年齢の子どもが就学してこない，子どもに説明のつかないあざがある，子どもが食事を与えられていない様子である，子どもが極端に不潔である，幼稚園や学校へ登園・登校してこなくなる，子どもや家庭の様子が気になる等，教育機関で子どもや家庭の変化に気づくことができる機会は多い。子どもが安心・安全な環境で育つことができるよう，課題があるならば早期に発見し，子ども家庭福祉と連携した支援を展開するという重要な役割を担っているのが教育機関である。

（2）保健所・保健センター

保健所・保健センターも子ども家庭福祉にかかわる重要な機関である。保健センターで行われる乳幼児健康診査では，健診未受診の子どもがいないか確認したり，受診時の子どもや親の様子を確認したりするなかで，障害や虐待，育児不安など，育児や家庭に関するさまざまな課題の発見や対応につな

げていくことができる。
　また，子どもの不登校やひきこもりなど子どもの課題，精神障害や依存症等の親が抱える課題等への対応も保健師，医師，精神保健福祉士等の専門職が連携して対応している。子どもおよび子育て家庭の心も含めた健康の維持という大きな役割を担っている。

(3) 裁判所

　子ども家庭福祉においては，特に家庭裁判所が特に大きな役割を担っている。子どもの養育者の離婚にあたって当事者同士の話し合いでうまくいかない場合の対応，離婚後の養育費の請求や面会交流，子どもの親権者の変更，未成年後見人の専任，養子縁組，親権の停止・喪失，児童相談所による虐待ケースの臨検・捜索，非行児童等に関する家裁調査官などによる家庭環境等調査といった多くの事柄について，家庭裁判所は子ども家庭福祉と協働する。個々の子どもや家庭にとっての重要な局面への対応のため，家庭裁判所の働きはなくてはならないものである。

(4) 警　察

　警察は，地域の安全を守る業務の中で，虐待ケースにおける臨検・捜索等の子どもの安全を確認する際の援助，子どもの家出や非行行為，家庭内のドメスティック・バイオレンス（DV）の通報時等，子どもとその家庭が直面する課題に対応している。虐待通告に関しても，DV家庭で育てられている子どもを中心に，警察のかかわりを通して明らかとなる虐待も年々増えており，子ども家庭福祉においても重要な役割を担っている。

3　専門職と子どもの権利

　子どもの権利には，二つの側面がある。一つは，子どもであるがゆえに

「大人や社会に守ってもらう」権利である。これを受動的権利という。二つ目は子ども自身が自分で「主体的に行使する」権利である。これを能動的権利という。しかし，児童虐待をはじめ，子どもと家庭を取り巻く課題をみると，子どもの権利がいかに簡単に剥奪されるかがわかる。子どもの施設や里親など，専門職がかかわっていても虐待や不適切なかかわりが起こってしまうこともあるのが現実である。このため，子ども家庭福祉にかかわる専門職は，子どもの権利が守られているかどうかを常に意識し支援しなければならない。

（1）子ども家庭福祉と子どもの権利

　子どもの権利は，1989年に国際連合総会で採択された「児童の権利に関する条約（以下，子どもの権利条約）」に記されている。わが国は，この条約に1994年になってようやく批准した。私物的我が子観の強かったわが国において，この条約は子どもの権利に関する意識の変革につながっている。現在でもなお，「わが子なのだから親が何をしても勝手だろう」「他人は口を出さないでくれ」「子どもには体罰が必要である」「自分の子に手を上げて何が悪い」といった意識をもつ大人は少なくない。しかし，子どもの権利条約により，子どもはひとりの人間として権利を有する存在であること，体罰や虐待等は権利侵害なのだということが徐々にではあるが，わが国にも浸透しつつある。

（2）子どもの権利を守るために

　子どもの権利を守るために，子ども家庭福祉分野においても，さまざまな取り組みがある。このうち，子どもの権利委員会からの総括所見への対応，社会的養護における子どもの権利擁護のあり方についてみてみよう。

1）子どもの権利委員会の総括所見への対応

　子どもの権利条約に批准したことから，わが国にもおよそ5年に1度，国

連子どもの権利委員会へ自国の子どもの権利の実態と対応について報告する義務ができた。報告の義務のみではなく，国連子どもの権利委員会から受けた総括所見に対し，子どもの権利擁護を推進するための対応することが必要になった。わが国においても，嫡出子と非嫡出子の財産相続割合が異なることの是正や，施設偏重の社会的養護に関する指摘を受けた施設養護の大変革等，子どもの権利を守るためのさまざまな改善・変革が続けられている。

2）苦情解決制度・第三者委員会

子どもの権利を守ることの大切さを十分に認識していても，権利侵害が起こることは少なくない。一般家庭のみではなく，前述のとおり，子どもの施設や里親における子どもの権利侵害も起こり続けている。このため，子どもが主体的に権利を行使できるようにすること，権利侵害があるときにはそれを申し出られるようにすること，申し出ても安全であること，公平な立場からそれに対応してもらえることなど，子どもの権利が保障されることが重要である。

子どもが主体的に権利を行使できるようにするために，1997（平成9）年の児童福祉法改正では，施設への入所措置の際に子どもや保護者の意見を尊重すること，児童福祉審議会から意見聴取することなどが追加された。

また，2000（平成12）年には社会福祉法に「苦情解決制度」と「第三者評価制度」が位置づけられた。苦情解決制度は，職員のかかわりで嫌な思いをしている，こうしてほしいと思うが言いにくいなど，子どもたちや保護者が困っていること，言いにくいことを密室化させず，運営適正化委員会，苦情解決責任者・担当者，第三者委員による苦情内容の確認・事情調査・話し合い・助言等を通して客観的に解決していく仕組みである。また，第三者評価制度は，支援の質を向上し，情報をきちんと開示するために，自己点検や自己評価からなる第一者評価と，子どもたちなど実際に福祉サービスを利用している利用者による第二者評価からなる制度である。この第三者評価制度は，子どもの社会的養護関係施設においても2012（平成14）年から実施が義務化

されている。

3) 施設内虐待への対応

　子どもへの権利侵害をなくすための制度があっても，施設内虐待や里親による虐待等，子どもへの権利侵害が，子ども家庭福祉においても度々起こっている。

　子ども家庭福祉においては，たとえば子どもの生活施設では，子どもの日々の生活の中で権利侵害が起きていないかどうか配慮するとともに，子どもの意見箱を設置したり，子どもの権利条約を配布し子どもが理解しやすいように説明したり，子ども会（自治会，小学生会・中学生会など，呼び名はさまざまである）等，子ども自身が意見を表明したり，表明した意見が実際に検討され叶えられる機会を敢えて設けるなどして，子どもが主体的に権利を行使する体験を重ねている。

　日々の支援の中では，慣れによる自分流の支援への固執，年単位におよぶ個々の子どもの課題への取り組みの中での焦りや疲れ，子どものネガティブな言動の繰り返しによる負の感情や反応，他の職員との比較による焦りや無力感等，子どもの権利擁護に努めようと努力する職員が不適切なかかわりに陥ってしまいがちな要素が無限にある。これらを防ぐべく，各施設内で権利擁護の取り組みを行うとともに，施設内外で行われる子どもの支援方法や権利等に関するさまざまな研修を受け，自己研鑽に励んでいる。

　また，施設内虐待をなくすための取り組みとして，2009（平成21）年の児童福祉法改正では，被措置児童等虐待対応ガイドラインが作成されるとともに（図6-1），施設職員等による被措置児童等虐待について，都道府県市等が子ども本人からの届出や周囲の人からの通告による調査等の対応を行い，その状況を都道府県知事等が公表する制度が法定化された。これによって，各種子どもの福祉施設や里親・里親ファミリーホームなどにおける被措置児童等虐待への各都道府県市の対応状況が公表されており，権利擁護システムのさらなる効果的実施が求められている。

第6章 子ども家庭福祉にかかわる専門職

図6-1 被措置児童虐待対応の流れ（イメージ）

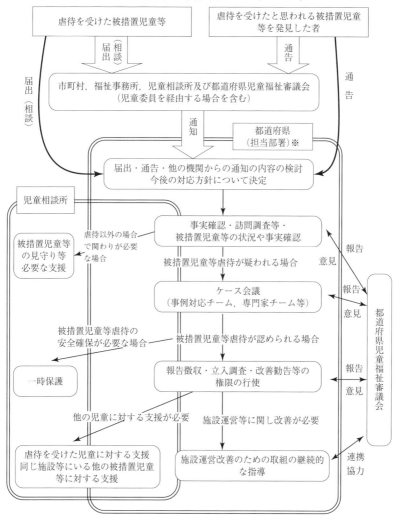

注：各都道府県において担当の主担当となる担当部署を定めておくことが必要です。
出所：「被措置児童等虐待対応ガイドライン——都道府県・児童相談所設置市向け」(http://www.mhlw.go.jp/bunya/kodomo/syakaiteki_yougo/dl/yougo04-01.pdf, 2017年1月10日アクセス)。

参考文献

山縣文治『子ども家庭福祉論』ミネルヴァ書房，2016年。
ミネルヴァ書房編集部『社会福祉小六法 2016年版』ミネルヴァ書房，2016年。
「児童相談所運営指針」(http://www.mhlw.go.jp/bunya/kodomo/dv11/01.html,
　2017年1月10日アクセス)。
「被措置児童等虐待対応ガイドライン――都道府県・児童相談所設置市向け」
　(http://www.mhlw.go.jp/bunya/kodomo/syakaiteki_yougo/dl/yougo04-01.pd,
　2017年1月10日アクセス)。

第7章 社会的養護を必要とする子どもへの支援

1 社会的養護とは何か

　社会的養護という言葉は，聞き慣れない言葉であろう。社会的養護は，保護者の適切な養育を受けられない子どもを，公的責任で社会的に保護・養育するとともに，養育に困難を抱える家庭への支援を行うものである。

(1) 社会的養護の体系

　社会的養護は図7-1のように，子ども家庭福祉において，子どもたちの権利や人生を守るため，さまざまな課題の予防・早期発見から施設への通所・入所，里親委託などの支援に至るまで，子どもと家庭の必要に応じて実にさまざまな役割をになっている。

(2) 社会的養護の現状

　次に，前述の体系のうち，保護者のない子ども，被虐待児など家庭環境上養護を必要とする子ども等が，社会的養護の中でどのような状況にあるのかについて見てみよう。

1) 児童虐待相談の増加

　社会的養護に至る子どもの背景の中で，虐待は大きな問題であり，児童相談所での虐待相談受付対応件数をはじめ，虐待相談件数は年々増加の一途をたどっている（第8章参照）。
　また，社会的養護施設における入所は，虐待を受けている子どもも多い。

図7-1 社会的養護の体系

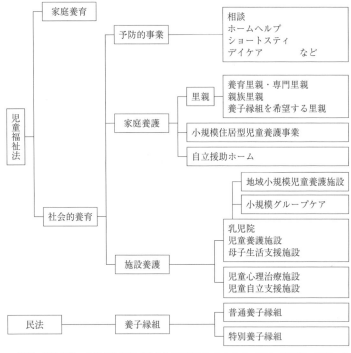

出所:谷口純世・山縣文治編著『社会的養護内容』ミネルヴァ書房,2014年,13頁,を一部修正。

また,図7-2をみると,社会的養護施設における被虐待児童の割合が非常に多いこともわかるだろう。

このように,児童虐待は社会的養護の中でも特に大きな問題である。社会的養護施設へ入所する子どもはごく一部である一方で,毎年子どもの虐待死が相次いでいるという事実もある。子どもと家庭への訪問指導,通所指導等で対応することのできる場合もあれば,児童相談所等がかかわっているケースであっても,虐待死や虐待による大きな傷害を受ける場合もある。また,虐待は潜在化しやすく,誰にも気づかれぬまま子どもが虐待を受け続ける場合もある。個々の子どもと家庭に合わせてどういった支援を展開するか,そ

第 7 章　社会的養護を必要とする子どもへの支援

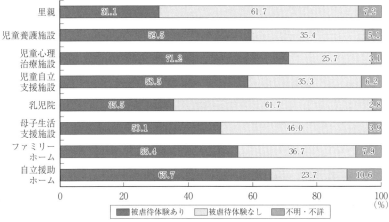

図 7-2　社会的養護施設における被虐待児童の割合

資料：児童養護施設入所児童等調査結果（2013年 2 月 1 日）。
出所：厚生労働省「社会的養護の推進に向けて」4 頁（http://www.mhlw.go.jp/file/06-Seisakujouhou-11900000-Koyoukintoujidoukateikyoku/0000143116.pdf，2017年 1 月10日アクセス），を一部修正。

の支援によって虐待環境が本当に子どもに危険のない環境になったのかといった見極めは，非常に難しいことであり，虐待環境を生き抜いてきた子どもたちと，家庭への専門職としての支援は，量的にも質的にも今後さらなる向上が必要不可欠である。

2 ）障害への対応の必要性

社会的養護施設において，障害児への対応も重要である。社会的養護施設のうち，児童養護施設では28.5％がなんらかの障害があるとされている（図 7-3）。障害のない子どもとともに生活を送るなかで，他の子どもや職員とのコミュニケーションの難しさに対する支援や，コミュニケーションの取りにくさによる他児とのトラブルへの対応，学習支援における特別な配慮など，個々の子どもにある障害とその程度に応じた支援も重要である。さらに，子どもの障害への認識がなかった，障害を受容できない，障害にどのように対応してよいかわからないといった家庭の悩みに対する支援も必要である。

図7-3 障害等のある子どもの増加
　　　　——児童養護施設における障害等のある児童数の割合と種別

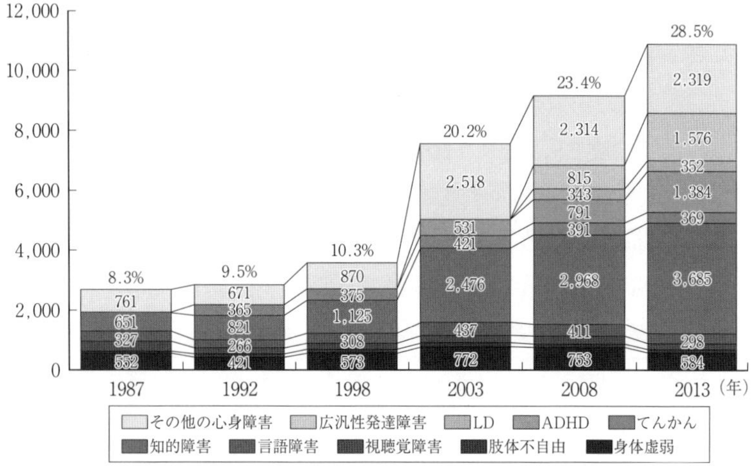

注：ADHD（注意欠陥多動性障害）については、平成15年より、広汎性発達障害およびLD（学習障害）については、2008年より調査。それまではその他の心身障害へ含まれていた可能性がある。
出所：厚生労働省「社会的養護の課題と将来像の実現に向けて」5頁（http://www.mhlw.go.jp/file/06-Seisakujouhou-11900000-Koyoukintoujidoukateikyoku/0000108940.pdf，2017年1月10日アクセス）。

3）子どもの将来づくり

　社会的養護にある子どもが，自身の将来を自由に選択することは困難である。2014（平成26）年度に，児童養護施設入所・里親委託の子どものうち，義務教育卒業後，高等学校等への進学した子どもは，児童養護施設入所児97％，里親委託児97.1％と，全中卒者の進学割合98.8％とほぼ変わらない。しかし，さまざまな理由によって高等学校等を中退する子どもが少なからずいることも事実である。

　特に大きな課題となっているのは，高等学校等卒業後の進学である。2014（平成26）年度に，児童養護施設入所・里親委託の子どものうち，大学，専修学校等へ進学した子どもは，児童養護施設入所児23.3％，里親委託児49.3％と，全高卒者の進学割合77％と大きな差が出ている。その理由はさまざまで

あるが，代表的なものとしては高校在学中までの塾など進学に関する支援の不足や，経済的事情などが挙げられる。金銭的にはさまざまな奨学金を利用することもできるが，子どもたちが利用できるものの多くは貸与型であり，将来の借金である。

　また，社会的養護にある子どもたちが進学するとき，家庭からの経済的援助が望めないことも多い。こういった子どもたちは，学費，生活費のすべてを自身で工面しなくてはならない。生活面への対応として，社会的養護にある子どもは，必要な場合は20歳未満まで措置延長ができることとなっており，児童養護施設では2014（平成26）年度，293名の子どもが措置延長として施設での生活を続けている。

　しかし，大学卒業は22歳を迎える年齢である。大学生活を住環境の心配なく送ることができる取り組みが求められる。それに対応するため，2016（平成28）年の児童福祉法改正で，児童自立生活援助事業で児童養護施設等を退所した20歳未満の子どもで，就職・就学をする子どもは自立援助ホームで支援を受けられるようになった。このため，就学している子どもについては，大学卒業時の22歳の年度末までの自立援助ホームへの入所ができることとなった。しかし，現在利用している子どものニーズとは異なっていること，自立援助ホームの定員自体が非常に少ないことから，その活用には困難が予想されている。

　大学等への進学が大幅に増加している現在，自身で人生を切り開いていくスタートの時点からの不利益が，社会的養護にある子どもたちにあるのが現状である。社会的養護にあるということは，子ども自身の問題ではなく，子どもと家庭の置かれた環境の悪循環や，家庭の持つさまざまな問題・課題の結果である。この子どもたちが，少なくとも金銭的問題で夢をあきらめることなく，中学・高校在学時から自身の将来，そして自身の子どもの将来を作っていくことができる体制を整備することが必要不可欠である。

4）職員配置

　社会的養護にある子どもへの支援では、子どもとその家庭に対する質の高い専門職としての支援を展開する必要があることは前述のとおりである。しかし、質の高い支援を展開したくともできない人員配置の現状が今も続いている。たとえば2015（平成27）年度から、児童養護施設における職員の配置基準は職員1人につき就学児童5.5人から4人へと引き上げられたが、これは学童以上の子どもの生活支援において常時4人の職員が配置されているということではない。

　24時間体制で勤務している職員には、勤務時間があり、休日や宿直もある。このため、日中でも15名を超える子どもに職員一人で対応しているといった状況もあり、職員の疲弊はもちろんのこと、子どもの最善の利益にかなっているとは到底考えられない状況である。職員が心身ともに健康に、子どもの最善の利益を常に考えて支援することのできる環境の整備が早急に求められている。

2　社会的養護の理念・原理

　このように、社会的養護の置かれている現状は非常に厳しいものである。そのなかで、子どもとその家庭への支援では、どういったことが求められているのだろうか。社会的養護で大切にされることについて、その理念と原理から考えてみよう。

（1）社会的養護の基本理念

　社会的養護の基本理念は、社会的養護に関わる施設の運営指針や里親・里親ファミリーホームの養育指針に、①子どもの最善の利益を実現すること、②すべての子どもを社会全体で育むことの2つが明記されている。

1）子どもの最善の利益の実現

児童福祉法第1条「全て児童は，児童の権利に関する条約の精神にのつとり，適切に養育されること，その生活を保障されること，愛され，保護されること，その心身の健やかな成長及び発達並びにその自立が図られることその他の福祉を等しく保障される権利を有する」，児童の権利に関する条約第3条「児童に関するすべての措置をとるに当たっては，公的若しくは私的な社会福祉施設，裁判所，行政当局又は立法機関のいずれによって行われるものであっても，児童の最善の利益が主として考慮されるものとする」とうたわれていることに基づき，社会的養護は子どもの権利擁護を図るための仕組みであり，子どもの最善の利益のためにあるということを基本理念とするとされている。

2）社会全体での子どもの育み

社会的養護は，保護者の適切な養育を受けられない子どもを，公的責任で社会的に保護・養育するとともに，養育に困難を抱える家庭への支援を行うものである。このため，子どもの養育を保護者等の家庭のみに負わせず，子どもの健やかな育成が児童福祉法第1条・第2条で定められているように，すべての国民の努めであるとともに，国および地方公共団体の責任であるとされている。そして，一人ひとりの国民と社会の理解と支援により行うものであるともされている。

さらに，児童の権利に関する条約第20条では，「一時的若しくは恒久的にその家庭環境を奪われた児童又は児童自身の最善の利益にかんがみその家庭環境にとどまることが認められない児童は，国が与える特別の保護及び援助を受ける権利を有する」と規定されている。子どもが権利の主体として社会的養護を受ける権利を持っていることから，すべての子どもを社会全体で育むということが2つ目の基本理念とされている。

（2）社会的養護の原理

社会的養護の原理についても，社会的養護に関わる施設の運営指針や里親・里親ファミリーホームの養育指針に明記されている。それは，「家庭的養護と個別化」「発達の保障と自立支援」「回復を目指した支援」「家族との連携，協働」「継続的支援と連携アプローチ」「ライフサイクルを見通した支援」という6つの原理がある。

1）家庭的養護と個別化

この原理では，「すべての子どもは，適切な養育環境で，安心して自分をゆだねられる養育者によって養育されるべき」であるとされるとともに，「"あたりまえの生活"を保障していくことが重要」であるとされている。社会的養護にある子どもは，安心・安全ではない生活環境，あたりまえのことができない生活を経験してきたことも多い。このため，まず子どもが安心・安全に生活し，たとえば「被虐待児のAちゃん」ではなく「Aちゃん」という，個々の子どもに応じたニーズの把握と支援の展開をしていくことが大切である。

2）発達の保障と自立支援

この原理では，「未来の人生をつくりだす基礎となるよう，子ども期の健全な心身の発達の保障を目指す」「愛着関係や基本的な信頼関係の形成が重要。自立した社会生活に必要な基礎的な力を形成していく」とされている。社会的養護にある子どもは，虐待やDVといった家庭環境の問題や，自身の障害によるコミュニケーションの難しさ，養育者の障害や疾病・依存症といった課題などから，基本的な信頼関係の形成を体験したことがない，体験することが難しいといった子どもが少なからずいる。

子どもが自立するには，愛着関係や信頼関係の形成を含めた心身の発達が重要である。これをいかにつくっていくかが，子どもの未来の人生をつくりだす力を左右すると言っても過言ではない。社会的養護における育てなおしも含めた支援とともに，自立のための子どもに応じた支援が重要である。

3）回復を目指した支援

この原理では，「虐待や分離体験などによる悪影響からの癒しや回復をめざした専門的ケアや心理的ケアが必要」であるとされ，「安心感を持てる場所で，大切にされる体験を積み重ね，信頼関係や自己肯定感（自尊心）を取り戻す」ことが目指されている。社会的養護では，心理療法，カウンセリングといった心理的ケアを必要に応じて行い，多職種間で連携して支援を検討・実施している。

これとともに，日々の生活では，まずは子どもたちが安心・安全であると感じられるよう，家事的な環境整備業務も含めすべての業務，かかわりを専門的意図をもって行っている。子どもの「どうせオレなんて……（いなくても一緒だろ）」「どうせ私にはできないもん」といった気持ちに寄り添い，子どもが大切にされている，自分はいて良いんだ，自分にもできるんだという経験を一つひとつ積み重ねていくことが大切である。こういった日々の意図を持ってつくられた生活の積み重ねこそが，子どもの過去の悪影響を癒す大きな力となる。

4）家族との連携・協働

この原理では，「親と共に，親を支えながら，あるいは親に代わって，子どもの発達や養育を保障していく取り組み」が大切であるとされている。社会的養護は，前述のとおり，保護者の適切な養育を受けられない子どもを，公的責任で社会的に保護・養育するとともに，養育に困難を抱える家庭への支援を行うものである。これは，適切な養育ができない親から子どもを「引き離してしまうこと」が目的ではない。たとえ家庭で暮らすことが適切ではなく，子どもを家庭から離して生活させることになったとしても，子どもの家庭への支援も子どもへの支援と同時に行われる。

しかし，中には，保護者の著しい拒絶や障害等によって，支援しようとしてもできないこともある。このような問題を解決すべく，個々の家庭の状況に応じて，児童相談所などの機関や施設の職員をはじめ，子どもと家庭に関

係するさまざまな専門職，関係者が連携し，可能な限り子どもの家庭環境を改善し，家庭と連携・協働しようと努めているのが現状である。

5）継続的支援と連携アプローチ

この原理では，「アフターケアまでの継続した支援と，できる限り特定の養育者による一貫性のある養育」を大切にし，「様々な社会的養護の担い手の連携により，トータルなプロセスを確保する」とされている。社会的養護にある子どもや家庭には，多くの専門職や人びとがかかわることとなる。一人ひとりが「良かれ」と思ってそれぞれの支援を勝手に展開すると，支援者による違いに戸惑ったり，個々の支援者を使い分ける必要が出てきたりと，子どもと家庭にもっとも良い支援を提供することができなくなってしまう。このため，個々の子どもと家庭にかかわるすべての人びとが，共通認識の基に，一貫したかかわりを展開することが大切である。

また，社会的養護では，施設入所中や相談継続中といった支援中のみではなく，その後も支援が必要である。子どもの成長や経済的状況の変化，家族員の変化，家族員の心身の健康の状況，子どもや家庭にかかわる人びとの変化等，さまざまな変化によって，子どもと家庭をとりまく環境は変わる。その変化に対応することができているか，対応している社会資源は適切かといったことも含め，社会的養護では子どもとその家庭の日々を，継続的に見守り支えていく必要がある。

6）ライフサイクルを見通した支援

この原理では，「入所や委託を終えた後も長くかかわりを持ち続ける」ことが大切であり，「虐待や貧困の世代間連鎖を断ち切っていけるような支援」が目指されている。前述したように，社会的養護ではアフターケアも非常に重要である。

ライフサイクルを見通した支援とは，かかわっている子どもの次世代といった，世代を超えた子どもの最善の利益を守ることも社会的養護の重要なはたらきであるということである。この意味で，社会的養護は，世代を超えた

子どもの支援という壮大なものである。このため、社会的養護に関わる専門職は、長く子どもと家庭に関わりつづけられる環境にあることが重要である。

しかし現状は、児童相談所所員には異動があり、施設職員にも異動や、結婚・妊娠・出産などライフサイクルの変化にともなう退職、バーンアウトによる退職等がある。社会的養護に関わる専門職の労働環境の整備は長年の大きな課題である。

以上のように、これら6つの原理に基づく支援の展開を目指し、社会的養護では現在においても試行錯誤が続いている。

3　社会的養護のこれから

社会的養護のうち、子どもの生活支援を行う施設については特に、可能な限り家庭的な環境で安定した人間関係の下で育てることが重視されており、施設のケア単位の小規模化と里親・里親ファミリーホーム委託の推進が進められている（図7-4）。2016（平成28）年の児童福祉法改正においても、専門的ケアが必要などという理由で里親等への委託が適当でない場合であっても、できる限り小規模で家庭に近い環境（小規模グループケアやグループホーム等）で子どもが養育されるよう必要な措置を講じなければならないと明記されることとなった。

この流れを受けて、現在、施設の小規模化は年々進み、里親委託率も上昇しており、現状は表7-1のとおりである。しかし、小規模化や里親委託におけるメリットもあれば、デメリットも明らかとなっている。小さなケア単位や、里親・里親ファミリーホームなど小さな集団での支援が必要な子どももいる一方で、大きな集団での複数の専門職によるかかわりの方が子どもと職員双方にとって良い場合もある。また、現在の職員の配置基準でのケア単位の小規模化は、職員の心身の健康をさらに損ねる危険性が増す。里親や里親ファミリーホームへの支援も十分とは言い難い。このように、多くの問

図7-4 施設の小規模化と家庭的な養育環境の推進

より家庭的な養育環境 →

児童養護施設
大舎（20人以上）、中舎（13〜19人）
小舎（12人以下）
1歳〜18歳未満（必要な場合0歳〜20歳未満）
職員は施設長等のほか
入所児童5.5：1（→4：1）
3歳以上4：1（→3：1）
3歳未満2：1
＊（　）は27年度〜
602か所
定員33,017人
現員27,828人

乳児院
乳児（0歳）、必要な場合幼児（小学校就学前）
134か所
定員3,865人、現員2,939人

地域小規模児童養護施設
（グループホーム）
本体施設の支援の下で地域の民間住宅などを活用して家庭的養護を行う
定員6人
職員2人＋非常勤1人＋管理宿直
27年度329か所→31年度目標390か所

小規模グループケア（分園型）
本体施設や地域で、小規模なグループで家庭的養護を行う
1グループ6〜8人（乳児院は4〜6人）
職員1人＋管理宿直を加算
27年度1,218か所
31年度目標1,870か所（乳児院等を含む）

（本園ユニットケア）
本体施設等で、小規模なグループで家庭的養護を行う

→41年度目標までに、本体施設、グループホーム、里親等を各概ね3分の1
児童養護施設の本体施設は、全て小規模グループケアに

小規模住居型児童養育事業
（ファミリーホーム）
養育者の住居で養育を行う家庭的養護
定員5〜6人
養育者及び補助者合わせて3人
27年度257か所
→31年度目標
520か所
→将来像1,000か所

里親
家庭における養育を里親に委託する家庭養護
児童4人まで
登録里親数　9,949世帯
　うち養育里親　7,893世帯
　　　専門里親　676世帯
　　養子縁組里親　3,072世帯
　　　親族里親　485世帯
委託里親数　3,644世帯
委託児童数　4,731人
→31年度目標
　養育里親登録　9,800世帯
　専門里親登録　850世帯

児童自立生活援助事業
（自立援助ホーム）
児童養護施設等退所後、就職する児童等が共同生活を営む住居において自立支援
27年度123か所
→31年度目標190か所

里親等＝養護＋乳児、里親＋ファミリーホーム
委託率　27年3月末　16.5％→31年度目標　22％

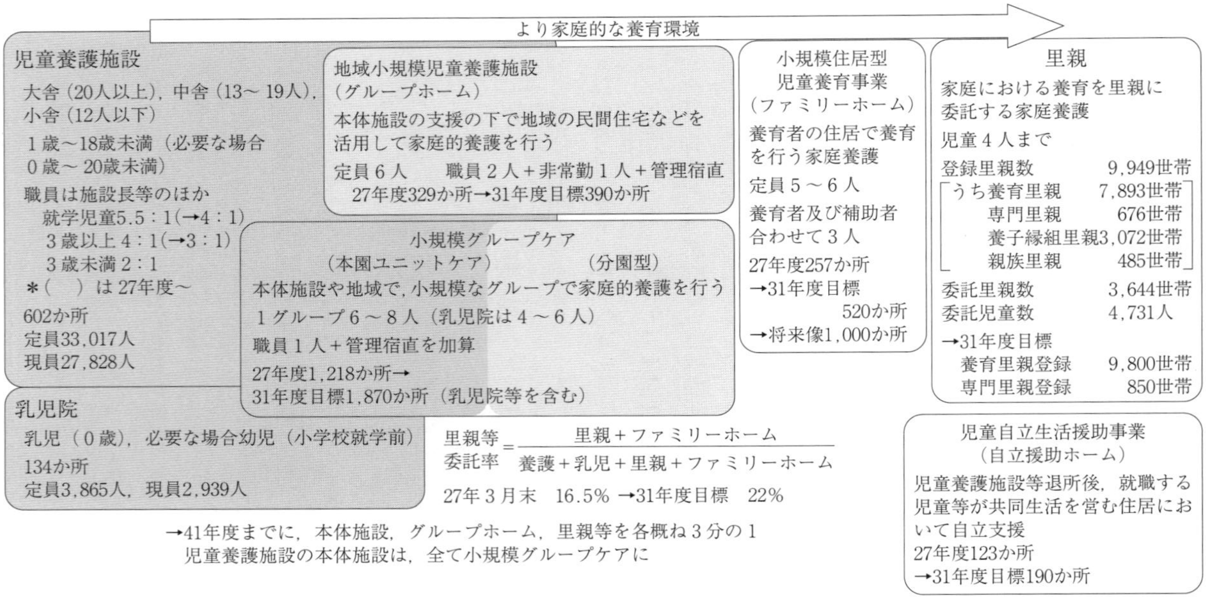

注：「31年度目標」は、少子化社会対策大綱。
資料：登録里親数、委託里親数、FHホーム数、委託児童数は、平成27年3月末福祉行政報告例。施設数、ホーム数（FH除く）、定員、現員、小規模ケア、地域小規模児童養護施設の数は、平成27年10月1日家庭福祉課調べ。
出所：厚生労働省「社会的養護の課題と将来像の実現に向けて」16頁（http://www.mhlw.go.jp/file/06-Seisakujouhou-11900000-Koyoukintoujidoukateikyoku/0000108940.pdf、2017年1月10日アクセス）。

第7章 社会的養護を必要とする子どもへの支援

表7-1 社会的養護施設数・里親数・児童数等

里親	家庭における養育を里親に委託		登録里親数	委託里親数	委託児童数	ファミリーホーム	養育者の住居において家庭養護を行う（定員5～6名）	
			9,949世帯	3,644世帯	4,731世帯			
	区分（里親は重複登録有り）	養育里親	7,893世帯	2,905世帯	3,599世帯			
		専門里親	676世帯	174世帯	206世帯		ホーム数	257か所
		養子縁組里親	3,072世帯	222世帯	224世帯		委託児童数	1,172人
		親族里親	485世帯	471世帯	702世帯			

施設	乳児院	児童養護施設	児童心理治療施設	児童自立支援施設	母子生活支援施設	自立援助ホーム
対象児童	乳児（特に必要な場合は，幼児を含む）	保護者のない児童，虐待されている児童その他環境上養護を要する児童（特に必要な場合，乳児を含む）	軽度の情緒障害を有する児童	不良行為をなし，又はなすおそれのある児童及び家庭環境その他の環境上の理由により生活指導等を要する児童	配偶者のない女子又はこれに準ずる事情にある女子及びその者の監護すべき児童	義務教育を終了した児童養護施設等を退所した児童等
施設数	134か所	602か所	43か所	58か所	243か所	123か所
定員	3,865人	33,017人	1,962人	3,753人	4,869人	826人
現員	2,939人	27,828人	1,358人	1,397人	3,465世帯 児童5,766人	486人
職員総数	4,539人	16,672人	995人	1,788人	2,067人	519人

小規模グループケア	1,218か所
地域小規模児童養護施設	329か所

注：児童自立支援施設は，国立2施設を含む。
資料：里親数，FHホーム数，委託児童数は福祉行政報告例（平成27年3月末現在）。施設数，ホーム数（FH除く），定員，現員，小規模グループケア，地域小規模児童養護施設のか所数は家庭福祉課調べ（平成27年10月1日現在）。職員数（自立援助ホームを除く）は，社会福祉施設等調査報告（平成26年10月1日現在）。自立援助ホームの職員数は家庭福祉課調べ（平成27年10月1日現在）。
出所：厚生労働省「社会的養護の課題と将来像の実現に向けて」1頁（http://www.mhlw.go.jp/file/06-Seisakujouhou-11900000-Koyoukintoujidoukateikyoku/0000108940.pdf，2017年1月10日アクセス），を一部修正。

題・課題が山積しているが，過渡期の今だからこそ，子どもに最善の利益を保障できるよう，大きな改革が求められていると言える。

参考文献

谷口純世・山縣文治編著『社会的養護内容』ミネルヴァ書房，2014年，13頁。

「社会的養護施設運営指針及び里親およびファミリーホーム養育指針について」（http://www.mhlw.go.jp/bunya/kodomo/pdf/tuuchi-50.pdf，2017年1月10日アクセス）。

「児童養護施設運営指針」（http://www.mhlw.go.jp/bunya/kodomo/pdf/tuuchi-51.pdf，2017年1月10日アクセス）。

「乳児院運営指針」（http://www.mhlw.go.jp/bunya/kodomo/pdf/tuuchi-52.pdf，2017年1月10日アクセス）。

「情緒障害児短期治療施設運営指針」（http://www.mhlw.go.jp/bunya/kodomo/pdf/tuuchi-53.pdf，2017年1月10日アクセス）。

「児童自立支援施設運営指針」（http://www.mhlw.go.jp/bunya/kodomo/pdf/tuuchi-54.pdf，2017年1月10日アクセス）。

「母子生活支援施設運営指針」（http://www.mhlw.go.jp/bunya/kodomo/pdf/tuuchi-55.pdf，2017年1月10日アクセス）。

「里親およびファミリーホーム養育指針」（http://www.mhlw.go.jp/bunya/kodomo/pdf/tuuchi-56.pdf，2017年1月10日アクセス）。

「自立援助ホーム運営指針」（http://www.mhlw.go.jp/file/06-Seisakujouhou-11900000-Koyoukintoujidoukateikyoku/0000083530.pdf，2017年1月10日アクセス）。

「社会的養護の課題と将来像の実現に向けて」2016年4月（http://www.mhlw.go.jp/file/06-Seisakujouhou-11900000-Koyoukintoujidoukateikyoku/0000108940.pdf，2017年1月10日アクセス）。

「社会的養護の現状について」2016年4月（http://www.mhlw.go.jp/file/06-Seisakujouhou-11900000-Koyoukintoujidoukateikyoku/0000108941.pdf，2017年1月10日アクセス）。

第8章 子ども虐待とその対策

1 子ども虐待の定義

子どもにおける深刻な問題の一つとして,「子ども虐待」を挙げることができる。では,子ども虐待とはどのようなものを指すのだろうか。以下では,子ども虐待の定義について述べていくことにする。

(1) 児童虐待の防止等に関する法律による定義

2000(平成12)年に施行された児童虐待の防止等に関する法律(以下,児童虐待防止法)は,その第1条で「児童虐待が児童の人権を著しく侵害し,その心身の成長及び人格の形成に膨大な影響を与えるとともに,我が国における将来の世代の育成にも懸念を及ぼす」と規定している。また,第2条において以下のように子ども虐待を定義している。

> 「『児童虐待』とは,保護者(親権を行う者,未成年後見人その他の者で,児童を現に監護するものをいう。以下同じ。)がその監護する児童(18歳に満たない者をいう。以下同じ。)について行う次に掲げる行為をいう。
> 1 児童の身体に外傷が生じ,又は生じるおそれのある暴行を加えること。
> 2 児童にわいせつな行為をすること又は児童をしてわいせつな行為をさせること。
> 3 児童の心身の正常な発達を妨げるような著しい減食又は長時間の

放置,保護者以外の同居人による前2号又は次号に掲げる行為と同様の行為の放置その他の保護者としての監護を著しく怠ること。
4 児童に対する著しい暴言又は著しく拒絶的な対応,児童が同居する家庭における配偶者に対する暴力(配偶者(婚姻の届け出をしていないが,事実上婚姻関係と同様の事情にある者を含む。)の身体に対する不法な攻撃であって,生命又は身体に危害を及ぼすもの及びこれに準ずる心身に有害な影響を及ぼす言動をいう。)その他の児童に著しい心理的外傷を与える言動を行うこと。

(2) 子ども虐待における4タイプ

前項のような定義をふまえ,厚生労働省の「子ども虐待対応の手引き」は,以下のように身体的虐待,性的虐待,ネグレクト,心理的虐待という4つのタイプに整理しまとめている。

① 身体的虐待
- 子どもの身体に打撲傷,あざ,骨折,頭蓋内出血などの頭部外傷,たばこなどによる火傷などの外傷を生じるような行為
- 首を絞める,殴る,たたく,投げ落とす,激しく揺さぶる,熱湯をかける,布団蒸しにする,異物をのませる,食事を与えない,戸外にしめだす,縄などにより一室に拘束するなどの行為
- 意図的に子どもを病気にさせる,等。

② 性的虐待とは
- 子どもにわいせつな行為をすること,させること
- 子どもにわいせつな行為を見せること
- 子どもをポルノグラフィの被写体などにすること,等。

③ ネグレクトとは
- 重大な病気になっても病院に連れて行かない。乳幼児を家に残したま

ま外出するなど，子どもの健康・安全への配慮を怠っていること
- 子どもの意思に反して学校などに登校させない。子どもが学校等に登校するように促すなどの子どもに教育を保障する努力をしない
- 子どもにとって必要な情緒的欲求に応えていない（愛情遮断など）
- 食事，衣服，住居などが極端に不適切で，健康状態を損なうほどの無関心・怠慢など
- 子どもを遺棄したり置き去りにする
- 祖父母，きょうだい，保護者の恋人などの同居人や自宅に出入りする第三者が身体的虐待，性的虐待，心理的虐待を行っているのにもかかわらず，それを放置する，等。

④ 心理的虐待とは
- 言葉による脅かし，脅迫など
- 子どもを無視したり，拒否的な態度を示すことなど
- 子どもの心を傷つけることを繰り返し言うなど
- 他のきょうだいとは著しく差別的な扱いをすること
- 子どもの面前で配偶者やその他の家族などに対する暴力や暴言
- 子どものきょうだいに身体的虐待・性的虐待・ネグレクト・心理的虐待の行為を行うこと，等。

（3）広がる定義

　さらに子ども虐待は，時代の変化とともに広がりをみせている。たとえば2016（平成28）年に公布された「児童福祉法等の一部を改正する法律」では，「児童の親権を行う者は，児童のしつけに際して，民法の規定による監護及び教育に必要な範囲を超えて，当該児童を懲戒してはならず，当該児童の親権の適切な行為に配慮されなければならない」（児童虐待防止法第14条）と述べており，過度なしつけが子ども虐待にあたる可能性を指摘している。

　また厚生労働省は2013（平成25）年に，虐待された子どもだけでなく，目

撃したきょうだいも「心理的虐待」を受けたとして対応するよう，自治体へ通知している。さらに，子どもの目の前で親が配偶者に暴行する「面前DV」も，子どもの心に大きな影をおとすため，「心理的虐待」として扱われるようになっている。

ほかにも近年では，「マルトリートメント（maltreatment）」という言葉もよく用いられるようになっている。マルトリートメントとは，「(子どもに対する大人たちの) 不適切な関わり」を意味する言葉である。欧米諸国では身体的虐待，性的虐待，ネグレクト，心理的虐待などを包括的に示す言葉として用いられている。学校における教師の体罰や，地域社会において子どもが苦痛を受けているような状態も，これに含まれる。日本においても，学校や地域社会など家庭外で生じる虐待も含め，「(子どもに対する) 不適切な関わり」に慎重に対処することがもとめられるようになっているのである。

2　わが国における子ども虐待の状況

厚生労働省の調査によると，全国の児童相談所で取り扱ったケースのうち，「虐待」として処理されたものは，1990（平成2）年では1,101件であったのが，翌年1991（平成3）年には1,171件，1992（平成4）年には1,372件と次第に増加する傾向にあった。その後も虐待件数の増加傾向は変わらず，1999（平成11）年に初めて1万件以上となり，2015（平成27）年には10万3,260件（速報値）で，とうとう10万件を超えた（図8-1）。

これほど相談件数が増加したことの原因としては，家庭における子どもの養育力が低下したことももちろんあるが，マスコミによる児童虐待の事件報道等により，国民や関係機関において児童虐待に対する意識が高まったことも理由として挙げられるだろう。また，子ども虐待を児童相談所に通報するダイヤルとして，全国共通ダイヤルで3桁化（189＝イチハヤク）を行い，そのことを広報していったことも，増加の背景にはあると考えられる（図8-2）。

第8章　子ども虐待とその対策

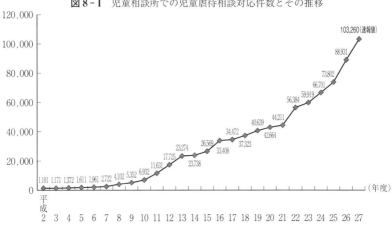

図8-1　児童相談所での児童虐待相談対応件数とその推移

出所：厚生労働省「平成27年度 児童相談所での児童虐待相談対応件数（速報値）」(http://www.mhlw.go.jp/file/04-Houdouhappyou-11901000-Koyoukintoujidoukateikyoku-Soumuka/0000132366.pdf，2016年12月13日アクセス)。

（1）内容別・相談経路別・子どもの年齢別の子ども虐待相談件数

　身体的虐待，性的虐待，ネグレクト，心理的虐待といった子ども虐待の内容別に子ども虐待の相談件数をみると，2015（平成27）年度に児童相談所が取り扱った相談対応件数のうち「心理的虐待」が4万8,693件と最も多く，次いで「身体的虐待」が2万8,611件，「ネグレクト」が2万4,438件，「性的虐待」が1,518件であった（表8-1）。

　以前は，「身体的虐待」が「心理的虐待」を上回っていたが，近年では「心理的虐待」の件数が多くなっている。「心理的虐待」の相談件数は，2014（平成26）年度で3万8,775件，2015（平成27）年度で4万8,693件と年々増加している。このように心理的虐待が増加した背景の一つには，「面前 DV」が挙げられるだろう。子どもの面前で，配偶者に対して身体的・精神的暴力をふるうケースが目立ち始めているのである。

　このことは相談経路別の子ども虐待相談件数をみても，よくわかる。「面前 DV」では，警察からの通告を受けるケースがかなりの割合を占めるため，

図8-2　児童相談所全国共通ダイヤル

児童相談所全国共通ダイヤルとは……

○虐待かもと思った時などに，すぐに児童相談所に通告・相談ができる全国共通の電話番号です。
○「児童相談所全国共通ダイヤル」にかけるとお近くの児童相談所につながります。
○通告・相談は，匿名で行うこともでき，通告・相談をした人，その内容に関する秘密は守られます。

これまで，児童相談所全国共通ダイヤルは10桁の番号（0570-064-000）でしたが，覚えやすい3桁の番号にして，子どもたちや保護者のSOSの声をいちはやくキャッチするため，平成27年7月1日(水)から「189」（いちはやく）という3桁の番号になります。

※　一部のIP電話はつながりません。
※　通話料がかかります。

出所：厚生労働省HP（http://www.mhlw.go.jp/bunya/koyoukintou/gyakutai/，2016年12月13日アクセス）。

近年では，「警察等」からの相談件数が増えてきているのである。2014（平成26）年度では2万9,172件，2015（平成27）年度では3万8,522件となっており，9,350件も多くなっている。警察以外では，相談経路別の虐待相談件数は「近隣知人」が1万7,406件，「家族」が8,872件，「学校等」が8,180件

第8章 子ども虐待とその対策

表8-1 児童相談所での虐待相談の内容別件数の推移

	身体的虐待	ネグレクト	性的虐待	心理的虐待	総　　数
平成18年度	15,364(41.2%)	14,365(38.5%)	1,180(3.2%)	6,414(17.2%)	37,323(100.0%)
平成19年度	16,296(40.1%)	15,429(38.0%)	1,293(3.2%)	7,621(18.8%)	40,639(100.0%)
平成20年度	16,343(38.3%)	15,905(37.3%)	1,324(3.1%)	9,092(21.3%)	42,664(100.0%)
平成21年度	17,371(39.3%)	15,185(34.3%)	1,350(3.1%)	10,305(23.3%)	44,211(100.0%)
平成22年度	21,559(38.2%)	18,352(32.5%)	1,405(2.5%)	15,068(26.7%)	56,384(100.0%)
平成23年度	21,942(36.6%)	18,847(31.5%)	1,460(2.4%)	17,670(29.5%)	59,919(100.0%)
平成24年度	23,579(35.4%)	19,250(28.9%)	1,449(2.2%)	22,423(33.6%)	66,701(100.0%)
平成25年度	24,245(32.9%)	19,627(26.6%)	1,582(2.1%)	28,348(38.4%)	73,802(100.0%)
平成26年度	26,181(29.4%)	22,455(25.2%)	1,520(1.7%)	38,775(43.6%)	88,931(100.0%)
平成27年度 （速報値）	28,611(27.7%) (+2,430)	24,438(23.7%) (+1,983)	1,518(1.5%) (-2)	48,693(47.2%) (+9,918)	103,260(100.0%) (+14,329)

注：(1) 割合は四捨五入のため，100％にならない場合がある。
　　(2) 平成22年度は，東日本大震災の影響により，福島県を除いて集計した数値である。
　　(3) 平成27年度の件数は，速報値のため今後変更があり得る。
出所：図8-1と同じ。

表8-2 児童相談所での虐待相談の経路別件数の推移

	家族	親戚	近隣知人	児童本人	福祉事務所	児童委員	保健所	医療機関	児童福祉施設	警察等	学校等	その他	総　　数
18年度	5,700 (15%)	1,042 (3%)	5,475 (15%)	452 (1%)	5,672 (15%)	472 (1%)	374 (1%)	1,522 (4%)	1,472 (4%)	2,726 (7%)	5,688 (15%)	6,728 (18%)	37,323 (15%)
19年度	5,875 (14%)	1,558 (4%)	5,756 (14%)	501 (1%)	6,311 (16%)	346 (1%)	363 (1%)	1,683 (4%)	1,438 (4%)	4,048 (10%)	5,241 (13%)	7,519 (19%)	40,639 (100%)
20年度	6,134 (14%)	1,147 (3%)	6,132 (14%)	558 (1%)	6,053 (14%)	319 (1%)	282 (1%)	1,772 (4%)	1,552 (4%)	6,133 (14%)	4,886 (11%)	7,696 (18%)	42,664 (100%)
21年度	6,105 (14%)	1,237 (3%)	7,615 (17%)	504 (1%)	5,991 (14%)	317 (1%)	226 (1%)	1,715 (4%)	1,401 (3%)	6,600 (15%)	5,243 (12%)	7,257 (16%)	44,211 (100%)
22年度	7,368 (13%)	1,540 (3%)	12,175 (22%)	696 (1%)	6,859 (12%)	343 (1%)	155 (0%)	2,116 (4%)	1,584 (3%)	9,135 (16%)	5,667 (10%)	8,746 (16%)	56,384 (100%)
23年度	7,471 (12%)	1,478 (2%)	12,813 (21%)	741 (1%)	6,442 (11%)	327 (1%)	202 (0%)	2,310 (4%)	1,516 (3%)	11,142 (19%)	6,062 (10%)	9,415 (16%)	59,919 (100%)
24年度	7,147 (11%)	1,517 (2%)	13,739 (21%)	773 (1%)	6,559 (10%)	293 (0%)	221 (0%)	2,653 (4%)	1,598 (2%)	16,003 (24%)	6,244 (9%)	9,954 (15%)	66,701 (100%)
25年度	7,393 (10%)	1,554 (2%)	13,866 (19%)	816 (1%)	6,618 (9%)	290 (0%)	179 (0%)	2,525 (3%)	1,680 (2%)	21,223 (29%)	6,498 (9%)	11,160 (15%)	73,802 (100%)
26年度	7,806 (9%)	1,996 (2%)	15,636 (18%)	849 (1%)	7,073 (8%)	281 (0%)	155 (0%)	2,965 (3%)	1,714 (2%)	29,172 (33%)	7,256 (8%)	14,028 (16%)	88,931 (100%)
27年度 （速報値）	8,872 (8%) (+1,066)	2,059 (2%) (+63)	17,406 (17%) (+1,770)	929 (1%) (+80)	7,131 (7%) (+58)	246 (0%) (-35)	192 (0%) (+37)	3,078 (3%) (+113)	1,725 (2%) (+11)	38,522 (37%) (+9,350)	8,180 (8%) (+924)	14,920 (14%) (+892)	103,260 (100%) (+14,329)

注：(1) 割合は四捨五入のため，100％にならない場合がある。
　　(2) 平成22年度は，東日本大震災の影響により，福島県を除いて集計した数値である。
　　(3) 平成27年度の「その他」で最も多いのは，「（他の）児童相談所」が6,372件である。
　　(4) 平成27年度の件数は，速報値のため今後変更があり得る。
出所：図8-1と同じ。

表8-3 被虐待者の年齢別対応件数の年次推移　(単位：件)

	平成23年度		24年度		25年度		26年度		27年度		対前年度	
		構成割合(%)		構成割合(%)		構成割合(%)		構成割合(%)		構成割合(%)	増減数	増減率(%)
総　数	59,919	100.0	66,701	100.0	73,802	100.0	88,931	100.0	103,286	100.0	14,355	16.1
0～3歳未満	11,523	19.2	12,503	18.7	13,917	18.9	17,479	19.7	20,324	19.7	2,845	16.3
3歳～学齢前	14,377	24.0	16,505	24.7	17,476	23.7	21,186	23.8	23,735	23.0	2,549	12.0
小学生	21,694	36.2	23,488	35.2	26,049	35.3	30,721	34.5	35,860	34.7	5,139	16.7
中学生	8,158	13.6	9,404	14.1	10,649	14.4	12,510	14.1	14,807	14.3	2,297	18.4
高校生・その他	4,167	7.0	4,801	7.2	5,711	7.7	7,035	7.9	8,560	8.3	1,525	21.7

出所：厚生労働省「平成27年度福祉行政報告例の概況」(http://www.mhlw.go.jp/toukei/list/38-1.html,2016年12月13日アクセス)。

図8-3 児童虐待相談における主な虐待者別構成割合の年次推移

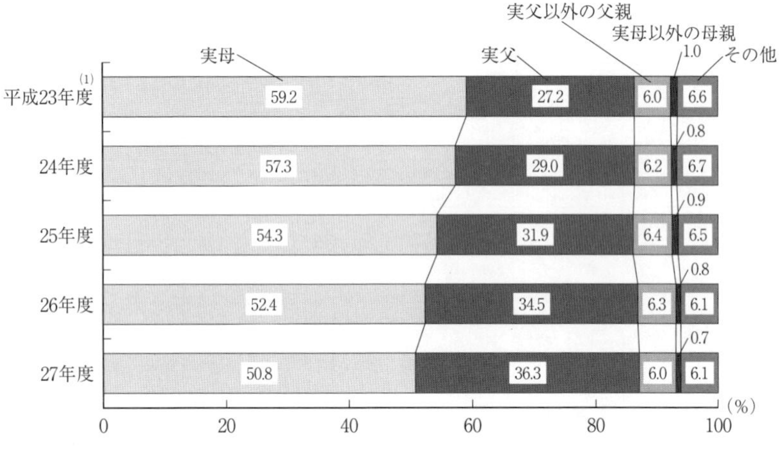

年度	実母	実父	実父以外の父親	実母以外の母親	その他
平成23年度(1)	59.2	27.2	6.0	1.0	6.6
24年度	57.3	29.0	6.2	0.8	6.7
25年度	54.3	31.9	6.4	0.9	6.5
26年度	52.4	34.5	6.3	0.8	6.1
27年度	50.8	36.3	6.0	0.7	6.1

注：(1) 平成22年度は，東日本大震災の影響により，福島県を除いて集計した数値である。
出所：表8-3と同じ。

であった（表8-2）。

　また虐待された子どもの年齢別にみると，「小学生」が3万5,860件（構成割合34.7%），「3歳～学齢前」が2万3,735件（同23.0%），「0～3歳未満」が2万324件（同19.7%）となっている（表8-3）。主な虐待者は，「実母」が50.8%，「実父」が36.3%，「実父以外の父親」が6.0%，「実母以外の母親」

が0.7%,「その他」6.1%となっており,「実父」からの虐待件数が増加傾向にある（図8-3）。

（2）虐待に至った実母たちが抱える問題とは

2016（平成28）年9月に社会保障審議会児童部会児童虐待等要保護事例の検証に関する専門委員会が出した「子ども虐待による,死亡事例等の検証結果等について（第12次報告）」によると,2014（平成26）年度中に虐待で亡くなったと確認された18歳未満の子どもは71人であった。このうち心中以外の虐待死は,前年度より8人多い44人に上った。0歳児は27人で,そのうち15人は生後24時間以内に死亡していた。

心中以外の虐待死に至った44人のケースのうち,実母によるものは28人と最も多い。実母が抱える問題として深刻なものとして,「望まない妊娠／計画していない妊娠」を挙げ得る。未成年の女性が「望まない妊娠／計画していない妊娠」にいたり,周囲からの支援が得られないまま,孤独のなかで出産にいたり,結果として子どもを死に至らしめるような虐待につながってしまうのである。

3 子ども虐待に対する対策

（1）要保護児童対策地域協議会

以上のように次第に深刻となっていく子ども虐待に関する現状をかんがみ,「子どもを守る地域ネットワーク」である要保護児童対策地域協議会が,2004（平成16）年の児童福祉法改正において法的に位置づけられた。

要保護児童対策地域協議会とは,虐待などにより保護を要する児童や保護者に対して,情報の交換や支援を行うため,児童福祉法第25条に規定する「関係機関・関係団体及び児童の福祉に関する職務に従事する者その他の関係者」が構成員となり,協議を行う場である（図8-4）。住民に身近である

図8-4 要保護児童対策地域協議会の概要

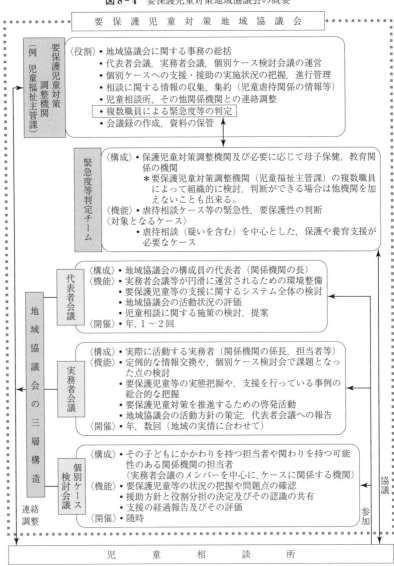

出所：青森県健康福祉部こどもみらい課編「市町村のための子ども虐待対応マニュアル——ネットワークで守ろう 子どもの命と心」2006年，63頁。

市町村が設置主体となり，代表者会議，実務者会議，個別ケース会議の3つから構成されるのが一般的である。

　子ども虐待を防止する上で，この協議会の役割は大きいと考えられている。そのため児童福祉法改正では「要保護児童対策地域協議会に児童福祉司等の資格を有する者，保健師等の専門職を配置するものとすること」とされ，しかも，これらの専門職は国が定める基準に適合する研修を受けなければならないこととされている。

（2）子育て世代包括支援センターの設置

　母子保健施策が子ども虐待の発生予防・早期発見につながることに注目し，市町村は2017（平成29）年4月から子育て世代包括支援センター[(1)]を設置することになっている（図8-5）。このセンターを立ち上げることで，妊娠期から子育て期にいたるまで切れ目のない支援を提供することができるようになることが目指されているのである。

　そのような中，子どもの虐待予防の取り組みとして，親たちに向けてペアレント・トレーニング・プログラムが展開されるようになっている。「完璧な親なんていない」というスローガンを掲げ子育ての仕方について悩んでいる親にその人の価値観を尊重しながら経験から学びあう「ノーバディーズ・パーフェクト・プログラム（NP）」や，「トリプル P（Positive Parenting Program：前向き子育てプログラム）」がその例である。また，「コモンセンス・ペアレンティング（CSP）」や「MY TREE ペアレンツ・プログラム」など，虐待リスクの高い親に提供されるプログラムも進められている。これらは，地域の子育て支援を実施している各関係機関で精力的な取り組みがなされている。

　このように，子ども虐待が深刻化することにより，さまざまな対策が講じられている。とくに子どもの虐待を防ぐには，虐待の予防が重要だと考えられるため，虐待の予防に向けた取り組みが積極的に行われるに至っている。

図8-5 子育て世代包括支援センターの法定化・全国展開

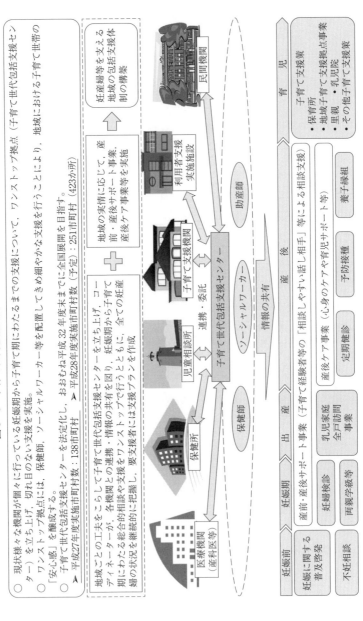

出所：図8-2と同じ。

だが，子ども虐待を引き起こす要因は複雑であり，子ども，親，親子の関係性，周囲の環境など，多種多様な要因が複雑に絡み合っている。そのため，子ども虐待に際して個々のケースの特性を素早く見きわめ，適切に対処していくことは非常に難しいと言える。

　だからこそ，問題の早期発見が可能な体制を構築し，多種多様なニーズに合わせた数々のプログラムを準備し，専門職たる子ども家庭福祉に関するソーシャルワーカーが行政・学校・警察・地域社会等と緊密なネットワークを築き，プログラムをコーディネートし，子どもたちとその家庭へとつなげていくことが重要となる。社会の未来を担う子どもたちを育てていくために，社会の大人である我々一人ひとりがそのことを深く自覚していくべきなのである。

注
(1)　法律上は，「母子健康包括支援センター」という名称。

参考文献
青森県健康福祉部こどもみらい課編「市町村のための子ども虐待対応マニュアル──ネットワークで守ろう子どもの命と心」2006年。
木村容子・有村大士編著『子ども家庭福祉』ミネルヴァ書房，2016年。
厚生労働省「平成27年度児童相談所での児童虐待相談対応件数（速報値）」2015年。
厚生労働省「平成27年度福祉行政報告例の概況」2016年。
厚生労働省「子育て世代包括支援センターの法定化・全国展開」2016年。
厚生労働省『子ども虐待対応の手引き』2016年。
社会保障審議会児童部会児童虐待等要保護事例の検証に関する専門委員会「子ども虐待による，死亡事例等の検証結果等について（第12次報告）」2016年。
山縣文治『子ども家庭福祉論』ミネルヴァ書房，2016年。

第9章 ひとり親家庭への支援

1 ひとり親家庭の概念と現状

(1) ひとり親家庭とは

「ひとり親家庭」とは，母子家庭と父子家庭の総称を表す用語である。一般には，単親で未成年の子どもを扶養する家庭をさす。この用語は，1970年代のイギリスにおいて，「欠損家族（broken family）」というとらえ方に代わる新しい概念として提示された「ワン・ペアレント・ファミリー（one parent family）」[1]の訳語であり，わが国の行政用語としても定着したととらえられる。

法律上では「ひとり親」の明確な定義はされていないが，母子及び父子並びに寡婦福祉法第6条により，母子家庭の母を「配偶者のない女子で現に児童を扶養しているもの」とし，父子家庭の父を「配偶者のない男子で現に児童を扶養しているもの」としている。同法において「児童」とは20歳に満たない者とし，「配偶者のない女子」及び「配偶者のない男子」を以下のように規定している（配偶者は，婚姻の届出をしていないが事実上婚姻関係と同様の事情にある者を含む）。

配偶者と死別したものであって現に婚姻をしていないもの及びこれに準ずるものとして①～⑥が挙げられる。
　① 離婚したものであって現に婚姻をしていないもの
　② 配偶者の生死が明らかでないもの

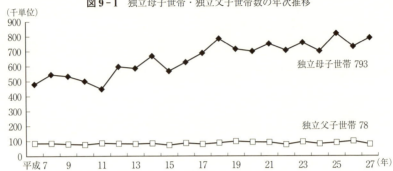

図9-1 独立母子世帯・独立父子世帯数の年次推移

出所：厚生労働省「平成27年国民生活基礎調査の概況」(http://www.mhlw.go.jp/toukei/list/20-21kekka.html，2016年12月13日アクセス)，を基に筆者作成。

③ 配偶者から遺棄されているもの
④ 配偶者が海外にあるためその扶養を受けることができないもの
⑤ 配偶者が精神又は身体の障害により長期にわたって労働能力を失っているもの
⑥ 前各号に掲げる者に準ずる女子，男子であって政令で定めるもの
政令で定めるものとして（施行令）

- 配偶者が法令により長期にわたって拘禁されているためその扶養をうけることができないもの
- 婚姻によらないで母、父となったものであって、現に婚姻をしていないもの

（2）ひとり親家庭の現状

ひとり親家庭の世帯数は全体に増加傾向にある。2011（平成23）年度の「全国母子世帯等調査」によると，母子世帯数が123万8,000世帯，父子世帯数が22万3,000世帯と推計される。過去25年間で母子世帯数は1.5倍，父子世帯数は1.3倍になったとされる。

ひとり親世帯の数を同居者のない母と子・父と子のみの独立世帯でとらえ

第9章　ひとり親家庭への支援

表9-1　母子家庭・父子家庭の現状

	母子世帯		父子世帯	
ひとり親世帯になった理由	離婚 死別 未婚の母	80.8% 7.5% 7.8%	離婚 死別 未婚の父	74.3% 16.8% 1.2%
ひとり親になった時の親の年齢	平均年齢 年齢階級別最多	33.0歳 30〜39歳	平均年齢 年齢階級別最多	38.5歳 30〜39歳
ひとり親になった時の末子の年齢	平均年齢 年齢階級別最多 0〜2歳	4.7歳 34.2%	平均年齢 年齢階級別最多 3〜5歳	6.2歳 23.7%
調査時のひとり親と末子の年齢	母の平均年齢 末子の平均年齢	39.7歳 10.7歳	父の平均年齢 末子の平均年齢	44.7歳 12.3歳
子ども以外の同居者がいる割合	 親と同居	38.8% 28.5%	 親と同居	60.6% 50.3%
住居状況	持ち家(本人名義) 借家(最多)	29.8%(11.2%) 32.6%	持ち家(本人名義) 借家	66.8%(40.3%) 15.2%
就業状況	就業 正規職員・従業員 自営業 パート・アルバイト等	80.6% 39.4% 2.6% 47.4%	就業 正規職員・従業員 自営業 パート・アルバイト等	91.3% 67.2% 15.6% 8.0%
収入状況※	世帯の平均年間収入 母の平均年間収入 母の就労収入	291万円 223万円 181万円	世帯の平均年間収入 父の平均年間収入 父の就労収入	455万円 380万円 360万円
帰宅時間（多い順）	午後6時〜8時 午後6時以前 一定でない	39.8% 35.8% 11.9%	午後6時〜8時 午後6時以前 午後8時〜10時	47.3% 18.0% 15.6%
ひとり親本人の困っていること（多い順）	家計 仕事 住居	45.8% 19.1% 13.4%	家計 仕事 家事	36.5% 17.4% 12.1%

注：収入状況の「世帯の平均年間収入」は同居親族の収入を含めた世帯全員の収入。「平均年間収入」
　　とは，生活保護法に基づく給付，児童扶養手当等の社会保障給付金，就労収入，別れた配偶者からの
　　養育費，親からの仕送り，家賃・地代などを加えた全ての収入の額を指す。
出所：厚生労働省「平成23年度全国母子世帯等調査」を基に筆者作成。

ると，2010（平成22）年度の「国勢調査」[3]では，母子世帯は75万5972世帯，父子世帯は8万8,689世帯である。とくに母子世帯数は，2000（平成12）年の62万5,904世帯と比較すると，10年間で20.8%の増加となっている。

また，図9-1に示すように「国民生活基礎調査」における独立母子世帯，独立父子世帯（推計値）の年次推移からみても，父と子のみの世帯は横ばい状態である一方，母と子のみの世帯数の増加傾向は顕著である。

さらに、ひとり親家庭の状況を同居者も含めた世帯で具体的な項目に沿って示したものが表9-1である。ひとり親になった理由としては、母子世帯・父子世帯ともに生別で「離婚」が多くを占めている。「死別」はわずかであるが、父子世帯の方が多い。ひとり親になった時点での親の年代において最も多いのは「30代」であり、とくに母子世帯の場合は母親の平均年齢も若いことから、ひとり親になった時点での末子の年齢も幼い状況にある。また、父子世帯では「家事」との両立に困難さを抱いている点も挙げられており、親などの同居者のいる世帯が6割を超えている。その一方で母子世帯は親などの同居者のいる世帯が4割弱に留まっており、子育ての協力者が十分とは言えない。仕事においては、母子世帯の母親の8割、父子世帯の9割は就労しているが、母子世帯では非正規雇用の割合が高く、収入の低さも明らかである。

ひとり親の困難感は、子育てをしながら「仕事」を続けて「家計」を支えていかなければならない日々の生活のやりくりにあることが窺える。

2　ひとり親家庭が抱える課題

(1) 生活困窮

ひとり親の生活のしづらさは、家庭のなかでの大人役割を一人で背負わざるを得ないことにある。とくに経済的基盤を築いていくことは厳しい状況がある。

労働政策研究・研修機構が行った「第3回子どものいる世帯の生活状況および保護者の就業に関する調査 2014 (以下、子育て世帯全国調査)」によると、相対的貧困率は、図9-2のように子育て世帯全体では13.2%であるのに対し、ひとり親世帯は54.2%であり、前回調査よりも大きく上昇している。

また、子育て世帯の所得分布を世帯類型別でみると、税込所得が300万円未満の低所得世帯は、ひとり親世帯では約6割が占めており、第1回・第2

第9章 ひとり親家庭への支援

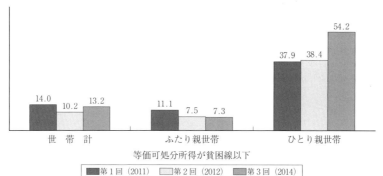

図9-2 相対的貧困率

注:(1) 復元倍率(母集団数/有効回答数)で重み付けした集計値である。
(2) 等価可処分所得ベースの貧困線(各調査年)は,122万円(厚生労働省公表の2012年名目値)である。
出所:労働政策研究・研修機構「子どものいる世帯の生活状況および保護者の就業に関する調査2014(第3回子育て世帯全国調査)」2015年7月27日(http://www.jil.go.jp/institute/research/2015/documents/0145.pdf, 2016年12月13日アクセス)。

表9-2 子育て世帯の所得分布

		第1回 (2011)		第2回 (2012)		第3回 (2014)	
		税込所得	手取所得	税込所得	手取所得	税込所得	手取所得
世帯計	300万円未満	12.1	22.3	10.2	15.9	11.5	18.6
	1000万円以上	11.7	4.7	13.7	5.2	14.9	4.8
	平均値(万円)	597.0	503.3	640.7	502.6	656.4	484.0
ふたり親世帯	300万円未満	7.2	17.5	6.0	11.8	4.6	11.2
	1000万円以上	12.8	5.2	15.0	5.7	16.4	5.3
	平均値(万円)	628.8	528.0	672.6	523.3	702.3	517.8
ひとり親世帯	300万円未満	52.8	61.7	48.0	59.4	59.9	70.5
	1000万円以上	2.8	1.1	2.0	0.3	4.0	1.5
	平均値(万円)	329.0	299.8	353.7	284.6	335.4	246.6

出所:図9-2と同じ。

回調査よりも増加している(表9-2)。

その暮らし向きを「大変苦しい」と答えている世帯割合からみても,ひとり親世帯の生活はいずれの年齢層においても厳しいことがわかる。子育て世帯の全体としては,末子が小学校高学年の時期に最も苦しく,多子になるほ

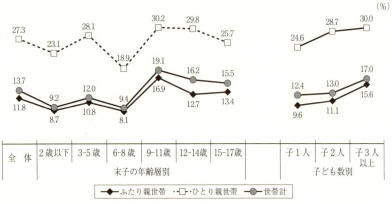

図9-3 暮らし向きが「大変苦しい」世帯割合

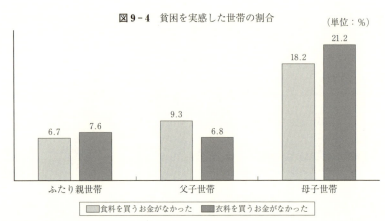

図9-4 貧困を実感した世帯の割合

ど生活にゆとりがないことが窺える（図9-3）。

「大変苦しい」生活の局面は，具体的な物質面で満たされないことからも実感することになる。「過去1年間に家族が必要とする食料または衣料を買えないこと」の有無を尋ねて，「よくあった」または「ときどきあった」と回答した世帯の割合は，図9-4に示すとおりである。ひとり親世帯の生活

第9章 ひとり親家庭への支援

表9-3 離婚申立ての動機別割合（複数回答）

申立人	総数	性格が合わない	異性関係	暴力をふるう	酒を飲みすぎる	性的不調和	浪費する	病気	精神的に虐待する	家庭を捨てて省みない	家族親族と折合いが悪い	同居に応じない	生活費を渡さない	その他	不詳
妻	47,908	19,380	8,643	10,882	3,069	3,653	5,420	1,328	12,282	4,316	3,655	1,165	13,551	5,931	2,310
	%	40.5	18.0	22.7	6.4	7.6	11.3	2.8	25.6	9.0	7.6	2.4	28.3	12.4	4.8
夫	17,776	10,900	2,637	1,505	424	2,326	2,209	913	3,322	1,127	2,656	1,764	784	3,765	559
	%	61.3	14.8	8.5	2.4	13.1	12.4	5.1	18.7	6.3	14.9	9.9	4.4	21.2	3.1

注：本統計における「婚姻関係時件数」は申立人が動機として挙げる主な3個を重複集計したものである。
出所：最高裁判所「婚姻関係事件数――申立ての動機別申立人別――全家庭裁判所」『2015（平成27）年司法統計年報』(http://www.courts.go.jp/app/files/toukei/713/008713.pdf, 2016年12月13日アクセス)，を基に筆者作成。

の逼迫状態が窺える。とくに母子世帯における生活困窮の課題は極めて深刻といえる。

（2）権利侵害

ひとり親になった理由では，母子家庭も父子家庭も離婚が最多である。

離婚理由として，子どものいる世帯も含めた「離婚申立て」の主な動機を示したものが表9-3である。これらの項目のなかでも「暴力をふるう」「精神的に虐待する」「生活費を渡さない」は，夫婦間のドメスティック・バイオレンス（以下，DV）[4]に結びつくものとしてとらえることができる。

2015（平成27）年度に，配偶者暴力相談支援センターに寄せられた配偶者からの暴力が関係する相談件数は11万1,172件であり[5]，検察庁がまとめた配偶者からの暴力事案等の相談件数も6万3,141件[6]と過去最多を更新している状況にある。また児童虐待の相談件数も増加傾向にあるなか，虐待の内訳においては面前DVを含む「心理的虐待」が増えてきている。母子世帯のセーフティネットである母子生活支援施設への入所理由の半数はDV被害である[7]。

これらの状況から鑑みると，ひとり親に至るまでの家庭内に，広い意味で

の「暴力」という権利侵害の状態にあった家庭が含まれているととらえることができる。それは，ひとり親家庭としてのスタート地点で既に心身に傷を負った親と子が少なからずいることを示しており，心身の健康状態へのケアも含めた個別ニーズに対応できる支援体制を整えていくことが重要な課題である。

（3）世代間連鎖

　ひとり親には，経済的にも精神的も，仕事と家事とのバランスにおいても，子どもと過ごす時間においても余裕がない。「ゆとり」のない生活は，不利を増幅させ次の不利を招くと指摘されている。それは決して個人的な原因ではなく，社会構造的な課題としてとらえることが求められてきている[8]。

　「子育て世帯全国調査 2012」によると，「保護者の離婚経験」と「保護者の親の離婚経験」とが一致する割合は，母子世帯では20.4％と最も高く，ふたり親世帯は12.3％，父子世帯3.6％となっている。また，生活保護率においては，親世代が生活保護を受給している場合，その子どもは成人後に生活保護を受給する割合が高いとされ（10.6ポイント），とくに母子世帯においては，親が非受給の場合よりも，世代間受給の方が21.5ポイントも高くなっている[9]。このような「世代間受給」と「10代での出産経験」「高卒未満の学歴」という3つの出来事は相互に影響を与え，貧困の世代間連鎖の可能性を高めているとされている[10]。

　連鎖を引き起こすきっかけは多様であり，さまざまな要因が重なってのことであるとされるが，学歴の短さにつながる問題の一つに「不登校」がある。子育て世帯全国調査において，小学校以上の子どもをもつ世帯のうち，いずれかの子どもが不登校の経験のある（または過去に経験した）世帯の割合を示したものが図9-5である。2012年の第2回調査では，母子世帯の母親の8人に1人が，また2014年の第3回調査では，父子世帯の父親5人に1人はいずれかの子どもの不登校経験があり，抱える課題は深刻である。子どもが抱

第9章　ひとり親家庭への支援

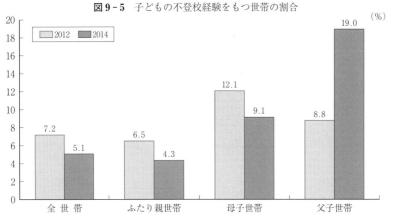

図9-5　子どもの不登校経験をもつ世帯の割合

出所：労働政策研究・研修機構「子どものいる世帯の生活状況および保護者の就業に関する調査2012（第2回子育て世帯全国調査）」2013年4月19日（http://www.jil.go.jp/institute/research/2013/documents/0109_01.pdf，2016年12月13日アクセス），及び労働政策研究・研修機構「子どものいる世帯の生活状況および保護者の就業に関する調査2014（第3回子育て世帯全国調査）」2015年7月27日（http://www.jil.go.jp/institute/research/2015/documents/0145.pdf，2016年12月13日アクセス），を基に筆者作成。

える生きづらさや親が不在となる日中の過ごし方，その先の進学の課題等をとらえ，ここからさらに次の不利を招かないための施策が求められている。

3　ひとり親家庭への支援施策

（1）ひとり親家庭への支援施策の動向

　ひとり親家庭を支える法体系の中心に「母子及び父子並びに寡婦福祉法」が位置する。この法律は，戦後の主に死別母子を対象とした母子福祉施策の流れを汲んでおり，1964（昭和39）年に制定された「母子福祉法」に起源をもつ。1981（昭和56）年の改正によって「かつて母子家庭の母であったもの」を「寡婦（かふ）」として対象化し，「母子及び寡婦福祉法」に改称した。その後，離婚率の上昇にともなう生別によるひとり親の増加を受けて，父子家庭施策も展開してきた。

145

大きな転換期は，離婚件数の急増による児童扶養手当受給者の増加を背景に行われた2002（平成14）年の改正である。国は，さまざまな生活課題を抱えたひとり親家庭への福祉施策の再構築を図る目的で，2002（平成14）年3月に「母子家庭等自立支援対策大綱」を策定し，児童扶養手当を中心とした施策から就業・自立に向けた総合的な支援体制の整備を行った。また「父子家庭」も母子及び寡婦福祉法の対象として位置づけられることとなった。

もう一つの転換期は2014（平成26）年の改正である。「子どもの貧困」，とくにひとり親家庭の生活困窮の実態を受けて，貧困対策を含めたテコ入れがなされた。改正法の趣旨は「ひとり親が就労し，仕事と子育てを両立しながら経済的に自立するとともに，子どもが心身ともに健やかに成長できるよう，また『子どもの貧困』対策にも資するよう，ひとり親家庭への支援施策を強化する」[11]と明示された。その実現に向けて，①支援体制の充実，②支援施策・周知の強化，③父子家庭への支援の拡大，④児童扶養手当と公的年金との併給制限の見直し，の体制強化が図られている。また，支援の対象拡大により，法律名称は「母子及び父子並びに寡婦福祉法」に改められ，新たにひとり親家庭の法体系の基盤が築かれた。

（2）ひとり親家庭への支援施策の内容

ひとり親家庭への支援施策の体系は図9-6に示すとおりである。地方公共団体が国の基本方針を踏まえて策定した「自立促進計画」に則って，「子育て・生活支援」「就業支援」「養育費確保支援」「経済的支援」の4本柱により施策が推進されている。ここではこの4本柱に沿って支援内容をみていく。

1）子育て・生活支援

ひとり親家庭と寡婦の相談・支援の窓口は福祉事務所であり，専門職として母子・父子自立支援員という相談員が配置されている。ひとり親家庭が安心して子育てをしながら生活ができる環境を整備するために，多岐にわたる課題を把握し整理しながら適切な資源につなげていく支援が展開されている。

第9章 ひとり親家庭への支援

図9-6 ひとり親家庭への支援施策の体系

○ 平成14年より「就業・自立に向けた総合的な支援」へと施策を強化し,「子育て・生活支援策」,「就業支援策」,「養育費の確保策」,「経済的支援策」の4本柱により施策を推進中。
○ 平成24年に「母子家庭の母及び父子家庭の父の就業の支援に関する特別措置法」が成立。
○ 平成26年の法改正(1)により,支援体制の充実,就業支援施策及び子育て・生活支援施策の強化,施策の周知の強化,父子家庭への支援の拡大,児童扶養手当と公的年金等との併給制限の見直しを実施。
○ 平成28年の児童扶養手当法の改正により,第2子,第3子以降加算額の最大倍増を実施。

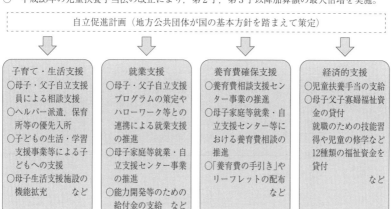

注:(1) 母子及び父子並びに寡婦福祉法,児童扶養手当法。
出所:厚労省雇用均等・児童家庭局家庭福祉課「ひとり親家庭等の自立支援策の体系」『ひとり親家庭等の支援について』2017年1月,10頁(http://www.mhlw.go.jp/file/06-Seisakujouhou-11900000-Koyoukintoujidoukateikyoku/0000100019.pdf, 2017年1月13日アクセス)。

ひとり親家庭等が活用できる「子育て・生活支援」に関する主な事業は,表9-4に示すとおりである。加えて,保育所や放課後児童クラブへの優先入所の配慮もされている。その一方で,地域により支援メニューに格差があることや,支援施策が知られておらず利用が低調であるものもあり,ひとり親家庭に確実に情報が届き積極的に活用できるような支援体制の強化が求められている。

2)就業支援

ひとり親家庭への就業支援は,①職業相談・職業紹介,②職業訓練,③給付金等,④雇用保険給付,に大別される。就業支援の主な窓口は,各自治体

表9-4 ひとり親家庭の「子育て・生活支援」関係の主な事業

事業名	対象	支援内容
母子・父子自立支援員による相談・支援 （配置：福祉事務所）	母子 父子 寡婦	○母子及び父子並びに寡婦福祉法及び生活一般について相談支援 ○職業能力の向上及び求職活動等の就業についての相談支援 ○その他　自立に必要な相談支援 ○母子父子寡婦福祉資金の貸付けに関する相談支援
ひとり親家庭等日常生活支援事業	母子 父子 寡婦	安心して子育てしながら生活ができる環境を整備するため、親の修学や就職活動・病気や事故などにより家事援助や保育等のサービスが必要になった際に、家庭生活支援員（ヘルパー）を派遣し、または家庭生活支援員の居宅等において児童の世話などを行う
ひとり親家庭等生活向上事業 / ひとり親家庭等生活支援事業 / 相談支援事業	母子 父子 寡婦	育児や家事、健康管理等の生活一般についての相談に応じ、助言や各種支援策の情報提供等を行う
ひとり親家庭等生活向上事業 / ひとり親家庭等生活支援事業 / 家計管理・生活支援講習会等事業	母子 父子 寡婦	家計管理、子どものしつけ・育児や健康管理、養育費の取得手続き等に関する講習会を開催する
ひとり親家庭等生活向上事業 / ひとり親家庭等生活支援事業 / 学習支援事業	母子 父子 寡婦	親等を対象として、高等学校卒業認定試験等の合格のために、民間事業者などが実施する対策講座を受講している場合に、補習や学習の進め方の助言等を行う
ひとり親家庭等生活向上事業 / ひとり親家庭等生活支援事業 / 情報交換事業	母子 父子 寡婦	ひとり親家庭が定期的に集い、お互いの悩みを相談しあう場を設ける
ひとり親家庭等生活向上事業 / 子どもの生活・学習支援事業（居場所づくり）	子ども	ひとり親家庭の子どもに対し、放課後児童クラブ等の終了後に、悩み相談を行いつつ、基本的な生活習慣の習得支援・学習支援、食事の提供等を行い、ひとり親家庭の子どもの生活向上を図る自治体の取組みを支援する（自治体から委託を受けたNPO法人等が実施）
母子生活支援施設（窓口：福祉事務所）	母子	配偶者のない女子又はこれに準ずる事情にある女子及びその者の監護すべき児童を入所させて、これらの者を保護するとともに、これらの者の自立の促進のためにその生活を支援することを目的とする施設。DV被害の対応においては緊急一時保護も実施（児童福祉法に規定された児童福祉施設）
子育て短期支援事業	母子 父子	児童の養育が一時的に困難となった場合に、児童養護施設・乳児院等で預かる ○短期入所生活援助（ショートステイ）事業 ○夜間養護等（トワイライト）事業

出所：厚生労働省雇用均等・児童家庭局家庭福祉課『ひとり親家庭等の支援について』（2016年9月）に基づき筆者作成。

の福祉事務所，母子家庭等就業・自立支援センター，ハローワークである。ひとり親がさまざまな手続きを行う福祉事務所において，母子・父子自立支援員が主な相談の対応を行うことになっている。その中でも，児童扶養手当受給者等を対象として母子・父子自立支援プログラム策定員（母子・父子自立支援員と兼務可）が，ひとり親とともに「支援計画」を作成し，そのプログラムに則って支援が展開される。

　また，ひとり親の生活の基盤づくりにつながる親自身の能力開発の促進を目的として養成訓練等が整備されており，受講状況により受講費用の支給等の給付がなされる。また強化策として，「ひとり親家庭高等学校卒業程度認定試験合格支援事業」は，2015（平成27）年度に新たに創設され，親のみならず児童も対象であり，世代間で不利を伝承しないための予防策としてとらえられる。

　また，個々の支援プログラムはひとり親家庭のニーズに即して行われるよう，ハローワークの就職支援ナビゲーターとの連携や，母子家庭等就業・自立支援センター（各都道府県・政令市・中核市に設置）との協働によって自立促進を図る支援が実施されている。就業支援の主な事業は表9-5に示すとおりである。

3）養育費確保支援

　夫婦の離婚後の子どもの養育の責務は両親にあり，同居や別居，親権の有無にかかわらず，両親には養育費の負担と扶養義務が果される。この扶養義務は，親の生活に余力がなくても自分と同じ水準の生活を保障するという強い義務（生活保持義務）だとされる。養育費とは，子どもが健やかに育成されるために必要な費用とされ，子どもが経済的・社会的に自立するまでに要する衣食住に必要な経費・教育費・医療費などがこれに当たる。法的には，母子及び父子並びに寡婦福祉法第5条「扶養義務の履行」と民法第766条「離婚後の子の監護に関する事項の定め等」に規定されている。しかし，実際には養育費の確保は進んでいない。母子家庭の養育費の受給率は約20％

表9-5 ひとり親家庭への主な就業支援事業等

相談	マザーズハローワーク事業	子育て女性等（子育て中の男性，子育てをする予定のある女性を含む）に対して，マザーズハローワークを拠点として，配置された就職支援ナビゲーターが職業相談や職業紹介，公的職業訓練の受講あっせんを行う
	母子家庭等就業・自立支援事業	ひとり親に対し，就業相談から就業支援講習会，就業情報の提供等までの一貫した就業支援サービス等を提供する ・母子家庭等就業・自立支援事業センター事業（都道府県・政令市・中核市） ・一般市等就業・自立支援事業（一般市・福祉事務所設置町村）
	母子・父子自立支援プログラム策定事業	児童扶養手当受給者の個々の実情・ニーズに応じた「母子・父子自立支援プログラム」を策定し，ハローワークや母子家庭等就業・自立支援センターと連携して，きめ細かな就業支援等を行う
支給	母子家庭等自立支援給付金事業	・自立支援教育訓練給付金 地方公共団体が指定する教育訓練講座を受講したひとり親に対して，講座修了後に受講料の一部を支給する ・高等職業訓練促進給付金 経済的自立に必要な資格取得を促進するために，養成訓練の受講期間について給付金を支給する
	高等学校卒業程度認定試験合格支援事業	ひとり親家庭の親または児童が，高卒認定試験合格のために講座を受け，講座を修了した場合，及び合格した場合に受講費用の一部を支給する
貸付	高等職業訓練促進資金貸付事業	高等職業訓練促進給付金を活用して養成機関に在学し，就職に有利な資格取得を目指すひとり親家庭の親に対し，入学準備金・就職準備金を貸付ける
	母子父子寡婦福祉貸付金	母子家庭及び父子家庭並びに寡婦の自立を促進するため，修学資金や生活資金等を貸付けする 2014（平成26）年10月1日から父子家庭を対象に追加

出所：厚生労働省雇用均等・児童家庭局家庭福祉課「ひとり親家庭等の支援について」2016年9月，及び内閣府男女共同参画局「ひとり親家庭の方への就業支援」を参考に筆者作成。

（平成23年度全国母子世帯等調査）に留まっており，母子家庭の経済的基盤が脆弱である要因の一つに挙げられる。

養育費の確保への支援施策では，2007（平成19）年に養育費相談支援センターが創設され，養育費にかかる各種手続きについての情報提供や母子家庭等からの電話やメールでの相談，地方公共団体に向けての養育費相談にあたる人材養成のための研修等を実施している。また，母子家庭等就業・自立支

援センターにおいては「養育費等支援事業」として，養育専門相談員を配置し，養育費取得のための取り決めや支払の履行・強制執行の手続に関する相談や情報提供，家庭裁判所等への同行支援のほか，講習会などを実施している。困難事例の対応は，養育費相談支援センターと連携して行なわれている。さらに，2016（平成28）年から弁護士による法律相談を実施することとなった。

民法においては，協議離婚で定めるべき「子の監護について必要な事項」の具体例として，「子の監護に要する費用の分担等（養育費）」と「親子の面会交流」が明示され，協議を進める際は子の利益を最も優先して考慮しなければならないとしている。

4）経済的支援

ひとり親家庭の経済的支援には「児童扶養手当」と「母子父子寡婦福祉資金貸付」の制度がある。これらは，終戦後から今もなお，ひとり親を支える大きな柱である。

「児童扶養手当」は，児童福祉の増進を目的として，ひとり親家庭の生活の安定と自立促進を図るために，母子家庭と父子家庭（2010〔平成22〕年8月より）を対象として支給される制度である。2015（平成27）年3月末時点で，約106万人の受給者がある。概要は表9-6に示すとおりである。最近の改正では，配偶者からの暴力（DV）で「裁判所からの保護命令」が出された場合も，2012（平成24）年8月から支給要件に加わったことが挙げられる。また，公的年金受給者は支給対象外であったが，2014（平成26）年12月以降は，年金額が児童扶養手当額より低い場合は，その差額分の児童扶養手当を受給できるように改正された。さらに，ひとり親家庭の生活困窮の実態を受け，2016（平成28）年8月より，第2子の加算額及び第3子以降の加算額が増額され，2017（平成29）年4月からは，この加算額についても物価スライド制が導入される。

「母子父子寡婦福祉資金貸付金」は，ひとり親の経済的自立の助成と生活意欲の助長を図り，扶養している児童の福祉を増進することを目的として，

表 9-6　児童扶養手当の概要

1. 目的：離婚によるひとり親世帯等，父又は母と生計を同じくしていない児童が育成される家庭の生活の安定と自立の促進に寄与するため，当該児童について手当を支給し，児童の福祉の増進を図る。
 （平成22年8月より父子家庭も対象）
2. 支給対象者：18歳に達する日以後の最初の3月31日までの間にある児童（障害児の場合は20歳未満）を監護する母，監護し，かつ生計を同じくする父又は養育する者（祖父母等）。
3. 支給要件：父母が婚姻を解消した児童，父又は母が死亡した児童，父又は母が一定程度の障害の状態にある児童，父又は母の生死が明らかでない児童などを監護等していること。
 ※ただし，国内に住所を有しないとき，児童が父又は母と生計を同じくするとき，母又は父の配偶者に養育されるとき等は支給されない。
 平成26年12月より，受給者等の年金額が手当額を下回る場合は，その差額分の手当を支給。
4. 手当月額（平成28年4月～）
 ・児童1人の場合　　全部支給：42,330円　一部支給：42,320円から9,990円まで
 ・児童2人以上の加算額
 　[2人目]　　　　　全部支給：10,000円　一部支給：9,990円から5,000円まで
 　[3人目以降1人につき]　全部支給：6,000円　一部支給：5,990円から3,000円まで
 ※児童2人以上の加算額は平成28年8月から
5. 所得制限限度額（収入ベース）
 ・本人：全部支給（2人世帯）130.0万円，一部支給（2人世帯）365.0万円
 ・扶養義務者（6人世帯）：610.0万円
6. 受給状況
 ・平成27年3月末現在の受給者数　1,058,231人（母：989,534人，父：63,678人，養育者：5,019人）
7. 予算額（国庫負担分）[28年度予算] 1,745.7億円
8. 手当の支給主体及び費用負担
 ・支給主体：都道府県，市及び福祉事務所設置町村
 ・費用負担：国1/3　都道府県，市及び福祉事務所設置町村2/3

出所：厚生労働省雇用均等・児童家庭局家庭福祉課「ひとり親家庭等の支援について」2016年9月，59頁（http://www.mhlw.go.jp/file/06-Seisakujouhou-11900000-Koyoukintoujidoukateikyoku/0000100019.pdf，2016年12月13日アクセス日）。

子どもの修学や親の就労に向けて必要な資金を無利子や低金利で借りることができる制度である。利用率も高いことから，「父子福祉資金」が新たに創設され，2014（平成26）年10月1日から施行となった。貸付金は12種類あり，その中でも貸付実績では，児童の修学資金関係が約9割を占めている。

4 地域におけるひとり親家庭支援の拠点——母子生活支援施設

(1) 母子生活支援施設の概要

　母子生活支援施設は，児童福祉法第38条に規定された，母と子が共に支援を受けながら生活することができる唯一の児童福祉施設である。かつては母子寮として貧窮母子家庭への「屋根」対策として住居提供を主に担ってきたが，時代の変遷とともに死別よりも生別母子の入所者が大半となり，ニーズ自体の質の変化が生じてきた。それを受けて，1997（平成9）年の児童福祉法改正により施設名を「母子生活支援施設」と改称し，施設目的には，保護のみならず「自立促進」と「退所者への相談援助」が追記された。2011（平成23）年には『社会的養護の課題と将来像』により，社会的養護施設として位置づけられた経緯がある。現在，全国に243カ所あり，3,465世帯に5,766人の児童が入所している。

　入所は福祉事務所を窓口とした「契約」方式であり，原則18歳未満の子どもを対象とする。入所理由では，夫などの暴力（DV）によるものが54.0%であり，面前DVも含む児童虐待による入所は55.2%である。また，何らかの障害を有する母親の割合が全体の3割を占め，同じく子どもも2割弱である。母親の就労率は約7割と高いものの，非正規雇用が全体の8割を占めている。このように多様な課題を抱えた状況にある一方で，入所者の約7割が3年未満に退所する状況にある。

(2) 母子生活支援施設における支援

　母子生活支援施設の支援の基本は，「母と子の権利擁護と生活の拠点」にあり，生活に困難を抱える母と子に安心で安全な環境を提供し，かけがえのない自分を取り戻せるように，また子どもには大切にされる経験をとおして大人への信頼感や自己肯定感を獲得していけるような支援を目指している。

具体的には，母親への支援では，「日常生活支援」「就業支援」「子育て支援」「心理的支援」等が柱となり，子どもへの支援では「保育支援」「養育支援」「学習支援」「心理的支援」が中心となる。DVによる逃避を余儀なくされた母子も多く，一から生活を立て直していくための生活環境を整えていくことが求められる。さらに母と子の関係性の再構築や，他施設に子どもを預けて入所している場合もあり，家族再統合に向けた家族関係支援も大きな役割となる。また，「二重の児童福祉施設」と称されるように，母親が生育過程で受けた権利侵害等を背景とした課題を抱えたままの場合も少なくないことから，母親自身の育ち直しへの支援も重要である。
　このように多岐にわたる高度な支援が求められているだけに，社会的養護施設として第三者評価の受審が義務づけられている。

（3）地域における母子生活支援施設の役割

　現在，母子生活支援施設では，退所後の支援として「アフターケア」が重視されている。母と子が地域での生活を軌道にのせていくためには，入所中の「インケア」からの切れ目のない支援が不可欠である。退所後の子どもたちや地域の子どもたちの学習支援等を地域の民生委員や主任児童委員，地域住民とともに支えるアウトリーチ的な支援例もみられる。
　また，ショートスティやトワイライトステイ，放課後児童クラブ等の事業を受託することで積極的に地域に向けて支援を展開している施設もある。DV被害者への安全面を担保しながら，同時に地域の子育て世代のニーズを受け止め，とくに蓄積された支援技術を地域のひとり親家庭に還元していくことが期待されている。また，自立が見込まれる母子家庭を対象としたサテライト型と呼ばれる「小規模分園型母子生活支援施設」の拡充とその活用も含めて，地域のひとり親世帯への柔軟な支援の形を検討していくことが求められている。
　地域の社会資源としての認知度を高め，最大限に活用されるような機会を

第9章 ひとり親家庭への支援

提供していくことが，次の世代に不利を再生産させない重要な予防策となる。

注
(1) ワン・ペアレント・ファミリーの概念生成については，京極高宣『児童福祉の課題』（インデックス出版，2002年）第5部「ひとり親家庭への支援――イギリスの『ファイナー報告』を中心にして」及び湯澤直美「母子家族の現状と母子生活支援施設の利用者」松原康雄編著『ファミリーサポートの拠点――母子生活支援施設』（エイデル研究所，1999年）に詳しい。
(2) 厚生労働省「平成23年度全国母子世帯等調査 結果報告」（http://www.mhlw.go.jp/seisakunitsuite/bunya/kodomo/kodomo_kosodate/boshi-katei/boshi-setai_h23/dl/h23_29.pdf，2016年12月13日アクセス）。
(3) 総務省「平成22年度国勢調査」（http://www.stat.go.jp/data/jinsui/9.htm，2016年12月13日アクセス）。
(4) 内閣府男女共同参画局「『配偶者からの暴力』の定義」（http://www.gender.go.jp/policy/no_violence/e-vaw/law/index2.html，2016年12月13日アクセス）。
(5) 内閣府男女共同参画局「配偶者暴力相談支援センターにおける配偶者からの暴力が関係する相談件数等の結果について（平成27年度分）」2016年9月16日（http://www.gender.go.jp/policy/no_violence/e-vaw/data/pdf/2015soudan.pdf，2016年12月13日アクセス）。
(6) 警察庁生活安全局生活安全企画課刑事局捜査第一課「平成27年におけるストーカー事案及び配偶者からの暴力事案等の対応状況について」2016年3月17日（http://www.npa.go.jp/safetylife/seianki/stalker/seianki27STDV.pdf，2016年12月13日アクセス）。
(7) 全国社会福祉協議会・全国母子生活支援施設協議会「平成26年度全国母子生活支援施設実態調査報告書」2015年4月。
(8) 松本伊智朗「貧困の再発見と子ども」浅井春夫・松本伊智朗・湯澤直美編著『子どもの貧困』明石書店，2008年，40頁。
(9) 労働政策研究・研修機構「子どものいる世帯の生活状況および保護者の就業に関する調査 2012（第2回子育て世帯全国調査）」2013年4月19日（http://www.jil.go.jp/institute/research/2013/documents/0109_01.pdf，2016年12月13日アクセス）。
(10) 駒村康平・道中隆・丸山桂「被保護母子世帯における貧困の世代間連鎖と生活上の問題」『三田学会雑誌』103巻4号，慶応義塾経済学会，2011年，619-645頁。

(11) 厚生労働省雇用均等・児童家庭局家庭福祉課母子家庭等自立支援室「母子及び寡婦福祉法の改正等について――ひとり親家庭の支援」(http://www.mhlw.go.jp/file/06-Seisakujouhou-12000000-Shakaiengokyoku-Shakai/0000046435.pdf, 2016年12月13日アクセス)。

(12) 中島尚美「社会的養護施設としての母子生活支援施設の存在意義に関する検討――社会的養護体制の構築過程にみる位置づけの分析をとおして」『生活科学研究誌』vol. 14, 大阪市立大学大学院生活科学研究科, 2015年, 45-63頁。

(13) 「社会的養護の現状について」2016年7月 (http://www.mhlw.go.jp/file/06-Seisakujouhou-11900000-Koyoukintoujidoukateikyoku/0000108941.pdf, 2016年12月13日アクセス)。

(14) 全国社会福祉協議会・全国母子生活支援施設協議会, 前掲書。

(15) 全国社会福祉協議会・児童部会 (全国母子生活支援施設協議会事務局)「母と子の明日を考えて 改訂版」2016年5月 (http://www.zenbokyou.jp/document/index.html, 2016年12月13日アクセス)。

参考文献

赤石千衣子『ひとり親家庭』岩波新書, 2014年。

田辺敦子・富田恵子・萩原康生編著『ひとり親家庭の子どもたち――その実態とソーシャル・サポート・ネットワークを求めて』川島書店, 1991年。

古川孝順監修『再構 児童福祉――子どもたち自身のために』筒井書房, 2014年。

第10章 母子保健・医療サービス

1 母子保健の目的と社会環境

(1) 母子保健の目的

母子保健の目的は,「母性並びに乳児及び幼児の健康の保持及び増進を図るため, 母子保健に関する原理を明らかにするとともに, 母性並びに乳児及び幼児に対する保健指導, 健康診査, 医療その他の措置を講じ, もつて国民保健の向上に寄与すること」と母子保健法第1条定義に明記されている。

このように, 母子保健とは, 女性の妊娠・出産から始まり, 誕生した児の健康・発育指導と母性を育む母親を対象とし支援することと理解できる。

(2) 女性の結婚と労働

国立社会保障・人口問題研究所「第15回出生動向基本調査結果の概要」(2015年) によると,「いずれは, 結婚するつもり」とした独身18~34歳以上の男女の割合は, 男性85.7%・女性89.3%となり, 男女とも結婚の意向は持っているとしている。独身の若者が結婚していない理由は, 適当な相手とめぐり合わないことと, 結婚後の生活資金が足りないなどの結婚条件が整わないことや経済的な懸念のほか, 自由や気楽さを失いたくないことや仕事(学業)に, うちこみたいこと等であるとしている。

一方, 図10-1に示された女性の年齢別就労曲線の年次推移からは, 晩婚化や経済的要因もあり, 就労を継続する女性が増加していることを示している。女性の生涯未婚率も上昇し就労と出生数との相関も指摘されている。

図10-1 女性の年齢階級別労働力率の推移

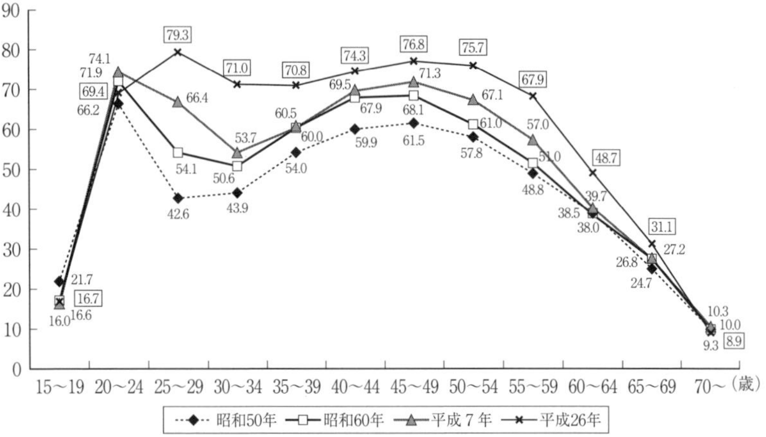

出所:総務省「労働力調査」2015年,を基に筆者作成。

表10-1 母子保健指標の推移

	1950年	1980年	1990年	2000年	2010年	2015年
周産期死亡率（出産千対）	算出されず	20.2	11.1	5.8	4.2	3.7
妊産婦死亡率（出産10万対）	161.2	19.5	8.2	6.3	4.1	3.8
乳児死亡率（出生千対）	60.1	7.5	4.6	3.2	2.3	1.9
新生児死亡率（出生千対）	27.4	4.9	2.6	1.8	1.1	0.9

出所:「人口動態資料」2016年,を基に筆者作成。

（3）母子保健の指標

　母子保健事業の推進に関する指標として，重視されてきたのは，妊産婦の死亡，さらに出生した後の新生児，乳幼児死亡への撲滅であった。実態調査が始まり，戦後，母子保健・医療体制が発展推進されていく中で，各種死亡率は激減していった（表10-1）。

2 母子保健施策のあゆみ

(1) 母子保健法成立前の施策

　わが国の母子保健施策は，乳児死亡減少に向けて，保健衛生調査会が，1916（大正5）年に設立されたことに始まる。その実態調査から小児保健所を主要都市に設置した。1947（昭和22年）年に児童福祉法が制定され，1948（昭和23）年「母子手帳」の配布開始，予防接種法，優生保護法公布が続き，妊産婦・乳幼児保健指導要領が実施された。このように，児童福祉法内に，戦後の混乱期から現在の母子保健体制の基盤が築かれた。

　1958（昭和33）年，母子健康センターが設置された。その目的は，乳幼児死亡率の地域格差是正や，まだ高率を示していた妊産婦死亡率の改善であり，そのため未熟児養育医療制度や妊産婦や乳幼児への保健指導が実施された。1961（昭和36）年には，児童福祉法改正の中で，3歳児健康診査・新生児訪問指導が行われ，母子医療の進歩とも合わせて施策が整備されていった時期であった。

(2) 母子保健法制定以降の体制

　これまで児童福祉法に位置づけられていた母子保健施策であったが，1965（昭和40）年，母子保健法が制定された。前述した母子保健の理念を具現化するために，都道府県と政令指定都市を中心に母子保健事業が展開された。1969（昭和44）年妊産婦健康診査の公費負担制度の導入や，その後1歳6か月児健康診査の実施，思春期を含めた母子一環となる総合的な施策として推進された。

(3) 母子保健法改正後の施策

　1994（平成6）年の保健所法が地域保健法へと改正され，老人保健サービス等と一体となって生涯を通じた健康づくり体制が整備されたことを受けて，

母子保健法も同年改正された。1997（平成9）年から，住民の生活基盤となる市町村保健センターで細やかな母子保健事業を行うことになり，2000（平成12）年には，健やか親子21が策定された。

3　母子保健・医療サービスの現状

現在の母子保健関連施策の体系は，図10-2の通りである。厚生労働省母子保健課の資料（2015年9月）では，母子保健事業と関連する医療サービスを保健事業と医療対策に大別し，利用者の視点で，児童福祉法に基づく施策も含めて，妊娠期から児の出産等，現状に即した施策として整理している。

（1）保健事業

1）妊娠の届出及び母子健康手帳の交付

「妊娠した者は，すみやかに市町村に届出をしなければならない」（母子保健法第15条）。届出者に対して交付されるのが，母子健康手帳（同第16条第1項）である。

母子健康手帳は，妊娠・出産及び育児に関する一貫した記録帳である。母子健康手帳の主たる内容は，妊娠中の様子，出産時や産後の母体の経過，新生児から6歳になるまでの成長過程や保健指導，健康診査の結果等についてである。妊娠期から，児童の出生後6歳までの発育や健診記録等であり，当事者の妊婦（母），医師，保健師が確認することで，子育て支援ツールともなり得る。

2）健康診査等

① 妊婦健康診査

市町村が中心となって実施する妊婦健康診査は，安全な分娩を行うために予防的施策と言える。

　根　　拠　　母子保健法第13条によると，「市町村は，必要に応じ，妊

第10章 母子保健・医療サービス

図10-2 母子関連施策の体系

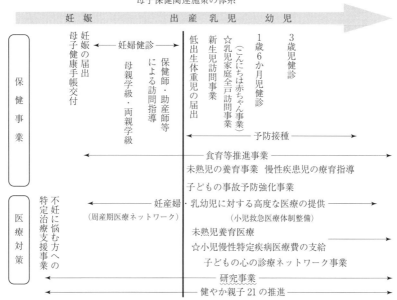

注：☆の付された事業は児童福祉法根拠事業。
出所：厚生労働省「母子保健関連施策」2015年9月，を基に筆者作成。

産婦又は乳児若しくは幼児に対して，健康診査を行い，又は　健康診査を受けることを勧奨しなければならない」とされている。

内　容　妊婦健康診査での基本的な内容は，①健康状態の把握（妊娠月週数に応じた問診，診察等），②検査計測，③保健指導である。また保健指導では，妊娠中の食事や生活上の注意事項等について具体的な指導を行うとともに，妊婦の精神面にも留意し，妊娠，出産，育児に対する不安や悩みの解消が図られるようにする。

回　数　妊娠23週までは基本的に4週に1回で，24週～35週は2週に1回，36週目以降は1週間に1回が望ましい回数と現行設定されている。現在妊娠中14回までは公費負担があり，無料で受診できるようになった。

161

実施主体　　市町村保健センター，母子保健センター，医療機関等で行っている。
　　位置づけ　　子ども・子育て支援新制度の実施に伴い2015（平成27）年，妊婦健康診査は，地域子ども・子育て支援事業の一つとして位置づけられた。厚生労働大臣は，前述の回数で示した妊婦健康診査についての望ましい基準を定めることとなった。
　② 乳幼児健康診査
　　根　　拠　　母子保健法第12条によると，市町村は，乳幼児健康診査を以下の時期1歳6か月（満1歳6か月を超え満2歳に達しない幼児）健診と3歳児（満3歳を超え満4歳に達しない幼児）健診の実施を行わなければならない，としている。
　同法第13条には，市町村は，必要に応じ，乳児に健康診査を行うとしている。そのため，乳児（1歳未満児である0歳児期）には，乳児健康診査を市町村及び委託した医療機関で身体計測や全身状態の観察や問診等を実施し，疾患や発育の課題等を点検している。
　　内　　容　　1歳6か月児健康診査と3歳児健康診査では，身体発育状況・栄養状態・脊柱及び胸郭の疾病及び異常の有無・皮膚の疾病の有無・歯及び口腔の疾病及び異常の有無・四肢運動障害の有無・精神発達の状況・言語障害の有無・予防接種の実施状況・育児上問題となる事項・その他の疾病及び異常の有無等の健診を行う。
　　実施主体　　市町村保健センター，委託した医療機関等が行う。
　　受診人数（率）　　最近は1歳6か月児健康診査，100万1,397人（94.9％）で，3歳児健康診査100万9,368人（92.9％）の高い受診人数（率）となっている（厚生労働省「地域保健・健康増進事業報告」〔平成25年度〕）。
　③ 新生児マス・スクリーニング検査（先天性代謝異常検査）
　すべての新生児について血液によるマス・スクリーニング検査を行うことである。それによって，先天性代謝異常（フェニルケトン尿症等）や先天性甲

状腺機能低下症の放置による知的障害を早期に発見することにより，後の治療と相まって障害を予防することを目的とする。

3）低出生体重児の届け出と未熟児訪問指導・新生児訪問指導

近年の人口動態統計では，出生時の体重2,500g未満の出生割合推移が，1975（昭和50）年5.1％，1990（平成2）年6.3％，2009（平成21）年9.6％となり，若干増加している。

体重が2,500g未満の乳児が出生したときは，その保護者は，速やかに，その旨を，その乳児の現在地の市町村に届け出なければならない（母子保健法第18条）。

① 未熟児訪問指導

母子保健法第19条により，届け出により，医療機関から児の退院連絡を受けて助産師・保健師等が家庭訪問を行う。低体重のために発育上の課題もあるため，母親に養育上の指導を訪問し実施する。

② 新生児訪問指導

母子保健法第11条に定められた事業である。保護者からの希望や，必要に応じて実施している。新生児においては，特に外界からの抵抗力が十分ではないので，栄養・環境・疾患予防の観点からも注意が必要である。助産師，保健師等による訪問指導が行われる。

また乳児家庭全戸訪問事業（通称：こんにちは赤ちゃん事業）がある。これは，生後4カ月頃までのすべての乳児家庭を訪問し，育児に関する子育て相談をはじめ，情報提供等を行う。2009（平成21）年より児童福祉法に定められた事業である。訪問者は，助産師・保健師等，自治体の状況に応じた訓練を受けた者が訪問している。

同様に児童福祉法に定められた，養育支援訪問事業は，乳児家庭全戸訪問事業の実施結果や母子保健事業，妊娠・出産・育児期に養育支援を特に必要とする家庭の児及びその養育者が対象で，保健師等がその居宅で相談，指導，助言を行う。児童福祉法下の前述の事業と新生児訪問からの母子保健事業で

重層的な訪問事業を展開している。

4）市町村における助産師・保健師による保健指導

市町村では，保健センター及び母子保健部署で，妊娠，出産，育児に関して必要に応じて保健指導を行っている（母子保健法第10条）。

5）食育の推進事業

子どもの健やかで適切な食習慣を培い，豊かな人間性をはぐくむために，保健センター，保育所，学校等関係機関が連携して取り組みを実施する。低体重児への予防という点からも妊産婦への栄養指導の充実が求められている。

6）子どもの事故予防強化事業

子ども，特に乳幼児の事故（お風呂場での溺死や階段等からの連絡事故等）の大部分は予測可能なことから，親への意識啓発を行い事故予防の強化を図ることである。

7）思春期保健対策の推進

心身共に成長を遂げる思春期に，性への不安や悩みやその対応等や母性保健知識を高校生男女に啓発事業を展開していく。

8）マタニティマーク

国民運動計画「健やか親子21」推進検討会において，発表された。図10-3は，妊産婦が交通機関等を利用する際に身につけ，周囲に妊産婦であることを示しやすくするマタニティマークと呼ばれるものである。交通機関・職場・飲食店等が，妊産婦にやさしい環境づくりを推進している。

9）妊娠・出産包括支援事業──母子健康包括支援センターの法定化

地域レベルでの結婚・妊娠・出産を経て子育て期に至るまでの切れ目ない支援の強化を図ることは，子ども虐待の発生予防の観点からも重視されてきた。

2014（平成26）年度に，妊娠・出産モデル事業が実施され，その内容は，①母子保健コーディネーターを配置し，「母子保健相談支援事業」②「産前・産後サポート事業」③「産後ケア事業」であった。そして2015（平成27）

年4月には，前述の事業を踏まえ，妊娠期からの切れ目ない支援を実現していくワンストップ拠点，子育て世代包括支援センター⁽¹⁾を設置した。そこでは，保健師・助産師・社会福祉士等の専門職が，医療・地域・教育等の関係機関との連携をもとに，妊娠を契機とした子育て世代への健全育成から児童虐待発生予防まで広範なニーズ対応が求められている。2016（平成28）年の

図10-3 マタニティマーク

出所：厚生労働省HP。

児童福祉法・母子保健法改正で，名称は母子健康包括支援センターとの法律名称となり，設置は努力義務ではあるが，母子保健法第22条に法定化された。

また2015（平成27）年には，子ども・子育て支援法の地域子育て支援事業の新規事業として，利用者支援事業の母子保健型が提示された。前述の切れ目ない支援を展開する入口の支援を担う保健師の専門性を活かして，母子保健コーディネーターが相談窓口となり，利用者となる母子・家庭支援を実施していくこととなった。

10) 予防接種

予防接種法で，予防接種を「疾病に対して免疫の効果を得させるため，疾病の予防に有効であることが確認されているワクチンを，人体に注射し，又は接種することをいう」（予防接種法第2条）と定義されている。

現在，胎児に影響を与える感染症ということで妊娠期から留意したい感染症と，乳児への感染症予防となる予防接種についての説明や生後1カ月以降からの予防接種スケジュール等を各自治体でも作成されている。また厚生労働省ホームページやイラスト等活用した内容（Web版 妊娠期から知っておく「子どもの感染症と予防接種情報」）で紹介し啓発を行っている⁽²⁾。

（2）医療対策

1）不妊に悩む人への特定治療支援対策

　不妊治療の経済負担軽減を目的とし，特に医療保険が適応されず，高額医療費となる体外受精や顕微鏡受精について配偶者間の不妊治療に必要な費用の一部を助成する制度である。2013（平成25）年，不妊に悩む方への特定治療支援事業のあり方に関する検討会が開かれ，助成費用等事業のあり方が見直された。

2）未熟児への養育医療（母子保健法第20条）

　出生時の体重が2,000g以下と極めて低い場合や生活力が特に薄弱で体温が34度以下，異常に強い黄疸等，医師が入院養育を必要と認めた未熟児に対して，その養育に必要な医療費について一部公費負担する制度である。

3）小児慢性特定疾病医療費の支給（児童福祉法第21条の5，第53条の3）

　小児慢性特定疾病にかかっている児童（原則18歳未満〔引き続き治療が必要であると認められる場合は，20歳未満〕の児童）等について，患児家庭の医療費の負担軽減を図るため，その医療費の自己負担分の一部を助成する制度である。2015（平成27）年1月の難病法・児童福祉法の改正により，対象疾患群は，悪性新生物（白血病等），慢性腎疾患，慢性呼吸器疾患14の疾患群704疾病に変更された。

　また，周産期ネットワークや小児医療ネットワークを推進し，妊産婦・乳幼児の高度な医療施設の整備が求められている（母子保健法第20条2）。そして，子どもの心の診療ネットワーク事業は，2008（平成20）年より開始された。この事業では，さまざまな子どもの心の問題，児童虐待や発達障害に対応するため，都道府県における拠点病院を中核とし，地域の医療機関並びに児童相談所，関係機関との連携体制をつくる事業である。

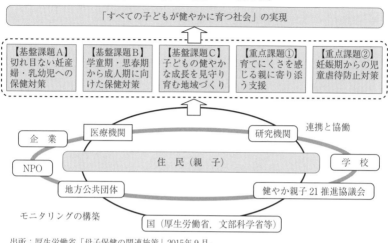

図10-4 健やか親子とは（第2次）

出所：厚生労働省「母子保健の関連施策」2015年9月。

4 健やか親子21

　国は，母子保健等関係者が一体となって推進する母子保健の国民運動計画として，健やか親子21を実施した。21世紀の母子保健の取り組みの方向性と目標や指標を示したもので，第1次計画（2001〔平成13〕年～2014〔平成26〕年）・子ども・子育て支援新制度と同時実施となった第2次計画（2015〔平成27〕年度～2024年度）とその運動が実施継続されている。第2次計画の概要は図10-4のとおりである。第2次計画は，子ども・子育て支援新制度の実施と同時に展開されている。

5 母子保健と切れ目ない支援の展開

（1）子育て支援・児童福祉との連携

　妊娠期からの母子に関わる母子保健担当の保健師は，まさに子ども家庭福

祉の支援の入口となる支援に従事している。これまでの母子保健施策である妊婦健康診査や乳幼児健康診査等のポピュレーションアプローチとして未受診者への個別な対応を行ってきた。そして子ども・子育て支援新制度での利用者支援事業の母子保健型や法改正での母子健康包括支援センターでの妊娠届け出からの産前産後の地域拠点となるシステムの実体化が注目されている。

高橋が紹介したフィンランドのネウボラの仕組みも注目されている[3]。フィンランド語の「助言の場」となるネウボラのポイントは，妊娠がわかってからの「妊娠ネウボラ」と出産後の「子どもネウボラ」に分かれ，担当のネウボラナースとなる保健師との信頼関係を構築し，ワンストップサービスを展開してくことで，わが国で導入している自治体（和光市で実施されているネウボラ等）[4]も増えてきている。ネウボラでは助言が一方的な指導ではなく，顔が見える関係となり対話に基づいたコミュニケーションの大切さを強調している。

親子が，暮らす地域で孤立せず生活移行を切れ目なく展開していくために，母子保健に関わる保健師が専門職として得た情報・アセスメントや支援プランについて，子育て支援・保育・福祉職と，どのように共有し連携していくか等，有機的な連携のあり方が問われている。

（2）学校保健や思春期への対応

健やか親子21でも課題となっているが，学校保健の展開についてである。これまでも思春期への取り組みは，重視されているが，性教育を重視した施策展開が中心であった。今後は社会状況の変化も考慮しながら，中高生の思春期世代が，男女の役割や結婚・妊娠以降の生活設計について，若者支援を展開する団体などとも交流し，具体化する展開が必要だと考える。

注
(1) 法律名称が変更になったが，自治体での呼称として使用は可能である。

(2) 母子衛生研究会「赤ちゃん&子育てインフォ」(http://www.mcfh.or.jp/jouhou/kansensyou-yobousessyu/index.html，2016年9月30日アクセス)
(3) 高橋睦子『ネウボラ　フィンランドの出産・子育て支援』かもがわ出版，2015年．
(4) 「平成28年度わこう版ネウボラガイド」(http://www.city.wako.lg.jp/home/fukushi/kenkozukuri/hokencenter/you_2_16_1_5.html，2016年9月30日アクセス)

参考文献

母子保健事業団編『わが国の母子保健』2016年．
母子保健事業団編『母子保健の主なる統計』2016年．
厚生統計協会編『国民衛生の動向 2016／2017』2016年．
内閣府男女共同参画局編『男女合同参画白書 平成26年版』2014年．
厚生労働省編『厚生労働白書 平成27年版』2015年．
山縣文治『子ども家庭福祉論』ミネルヴァ書房，2016年．

第11章　子ども・子育て支援

1　子育て支援とは

（1）子育て支援が求められる背景

　少子化の進展や児童虐待の深刻化などに伴い子育て支援の必要性が増している。しかし，子育て支援が社会的な課題として注目されるようになったのはそれほど昔のことではない。子育て支援という言葉が国会で初めて取り上げられたのは，1990（平成2）年のいわゆる「1.57ショック」の翌年の衆議院予算委員会でのことであり，メディアで取り上げられ始めたのもその頃からである（第3章参照）。

　人類誕生から長い期間，子育てという行為が行われてきている中，なぜ，今，子育て支援が求められているのかを考える時，子育てという行為自体の持つ構造と社会の変化とそれに伴う親自身の変化が鍵となる。

　子育てという行為自体について鯨岡は喜びや満足，楽しみというプラス面と悩みや不安，腹立ちというマイナス面が並立する両義的な行為と定義し，子育てが持つ構造に子育て不安の芽がそもそもあるのだと述べている[1]。

　これまではそういった子育て不安は地域社会や家族などにより軽減されてきた。しかし，都市化に伴う人間関係や地域の希薄化等の社会の変化に伴い，親自身が子どもを知らないなどの変化や親同士の関係の希薄化より子育ての不安が増大している。これらが子育て支援が求められる背景となっている。

(2) 子育て支援の目的

後述するようにわが国では少子化解消の手段として子育て支援が取り上げられることが多い。特に国レベルの施策においてはその傾向が強いがここでは子育て支援の本来の目的を考えたい。

1点目は，子どものよりよい育ちを目的とした親への支援である。あくまで子どもの育ちのために親を支援するという視点である。2点目は親育ちの視点である。ここでは親が親として育つための支援と親の人生そのものへの支援がある。3点目は，社会のシステム，環境の変革である。子育てが家族の責任だけで行われるのではなく，社会全体によって取り組む，「子育ての社会化」「子育てしやすい社会」を実現するためには大きな変革が必要となる。

2　子育て支援策

(1) 子育て支援策の流れ

国による子育て支援策は保育士や保健師等のさまざまな専門職や研究者からの親の子育てへの不安感や負担感増大への危機感を背景としつつも，現実的には少子化への対応として進められ拡大していった。

その端緒となったのが1994（平成6）年に策定された「今後の子育て支援のための施策の基本的方向について」（エンゼルプラン）である。エンゼルプランの具体的な計画である緊急保育対策等5か年事業では保育の量的拡大や低年齢児（0～2歳児）保育，延長保育等の多様な保育の充実，地域子育て支援センターの整備等を図るとされた。1999（平成11）年にはエンゼルプランと緊急保育対策等5か年事業を見直した新エンゼルプランを策定し，これまでの保育関係だけでなく，雇用，母子保健，相談，教育等の事業も加えた幅広い内容となった。

2003（平成15）年には，家庭や地域の子育て力の低下に対応して，次世代

を担う子どもを育成する家庭を社会全体で支援する観点から「次世代育成支援対策推進法」が制定された。地方公共団体及び企業において10年間の行動計画を策定し，実施していくこととされた。また，同じ年に成立した「少子化社会対策基本法」に基づき決定された「少子化社会対策大綱」では，仕事と家庭の両立支援と働き方の見直し，子育ての新たな支え合いと連帯等が重点課題とされた。育児休業制度の推進や待機児童の解消と並んで地域における子育て支援の拠点等の整備等に取り組むこととした。大綱に基づいた「子ども・子育て応援プラン」で具体的な施策が策定された。

2003（平成15）年の児童福祉法改正では，地域における子育て支援事業を法定化し，すべての家庭に対する子育て支援を市町村の責務として明確に位置付けた。

2006（平成18）年に決定された「新しい少子化対策について」では，親が働いているかいないかにかかわらず，すべての子育て家庭を支援するという視点を重視することとされた。また，2007（平成19）年に策定された「子どもと家族を応援する日本」重点戦略では，「働き方の見直しによる仕事と生活の調和（ワーク・ライフ・バランス）」というより幅広い視点が重視された。

2008（平成20）年には，児童福祉法を改正し，乳児家庭全戸訪問事業，養育支援訪問事業，地域子育て支援拠点事業，一時預かり事業が法定化された。

2010（平成22）年に策定された「少子化社会対策大綱（子ども・子育てビジョン）」では，「子どもと子育てを応援する社会」の実現を目指し，「少子化対策」から「子ども・子育て支援」への転換が宣言された。

2012（平成24）年には，すべての子どもの良質な成育環境を保障し，子ども・子育て家庭を社会全体で支援することを目的とした「子ども・子育て支援法」「認定こども園法の一部改正」「子ども・子育て支援法及び認定こども園法の一部改正法の施行に伴う関係法律の整備等に関する法律」の子ども・子育て関連三法が成立した。

2013（平成25）年に策定された少子化危機突破のための緊急対策策定では，

「子育て支援」「働き方改革」強化とともに，結婚・妊娠・出産・育児の「切れ目ない支援」の総合的な政策の充実・強化を目指すこととされた。

2015（平成27）年には，新たな少子化社会対策大綱が策定され，子育て支援施策を一層充実するとした。具体的な取り組みとして妊娠期から子育て期にわたるまでの総合的な相談支援を提供する「子育て世代包括支援センター（法律名称は，母子保健包括支援センター）」を整備し，切れ目のない支援を実施することが含まれている。

（2）子ども・子育て支援新制度
1）制度の概要

子ども・子育て支援新制度は，2012（平成24）年に成立した子ども・子育て関連三法に基づく制度で2015（平成27）年から施行された。

子ども・子育て支援関連の制度や財源を一元化して新しい仕組みを構築することで質の高い教育・保育の一体的な提供，保育の量的拡充，地域における子育て支援の充実を図った。以下は，子ども・子育て支援新制度のポイントである。[2]

① 認定こども園，幼稚園，保育所を通じた共通の給付である施設型給付と小規模保育等への給付である地域型保育給付を創設
② 認定こども園制度の改善（幼保連携型認定こども園の改善等）
- 認可・指導監督の一本化，学校及び児童福祉施設としての法的位置づけの明確化
③ 地域の実情に応じた子ども・子育て支援の充実
- 利用者支援，地域子育て支援拠点，訪問事業，放課後児童クラブなど
④ 市町村が実施主体
- 市町村は地域のニーズに基づき計画を策定し，給付・事業を実施

⑤ 社会全体による費用負担
- 消費税率の引き上げにより，国及び地方の恒久財源を確保

⑥ 政府の推進体制整備
- 内閣府に子ども・子育て本部を設置

⑦ 子ども・子育て会議の設置
- 国に有識者や地方公共団体，子育て当事者，子育て支援当事者等が参加する子ども・子育て会議を設置し，支援策を検討
- 市町村にも同様の地方版子ども・子育て会議の設置の努力義務を課す

2）地域における子育て支援

子ども・子育て支援新制度では，地域における子育て支援（地域子ども・子育て支援事業）として下記の事業を挙げている。

① 利用者支援事業

子どもや保護者等，または妊娠している人が，教育・保育施設や地域の子育て支援事業等を円滑に利用できるように支援する事業で，利用者支援と地域連携の2つを行う。

行政窓口以外で，親子が継続的に利用できる施設において利用者支援と地域連携を共に実施する基本型，行政機関の窓口等で主に利用者支援を実施する特定型，保健師等の専門職がすべての妊産婦等を対象に利用者支援と地域連携を実施する母子保健型がある。

② 地域子育て支援拠点事業

地域子育て支援拠点事業は家庭や地域における子育て機能の低下や子育て中の親の孤独感や不安感の増大等に対応するため，地域において子育て親子の交流等を行う事業である。

保育所が中心となり実施していた子育て支援センター，NPO等が行っていたつどいの広場，児童館での親子広場等が一つの事業として行われるよう

になったもので週に3日以上開設が求められている。子育て親子の交流の場の提供と交流の促進，子育て等に関する相談・援助の実施，地域の子育て関連情報の提供，子育て及び子育て支援に関する講習等の実施を基本としてボランティア養成や多世代交流等を行う所もある。

③　乳児家庭全戸訪問事業

こんにちは赤ちゃん事業とも呼ばれ，2009（平成21）年より，児童福祉法に定められた事業である。生後4カ月までの乳児のいるすべての家庭を訪問し，さまざまな不安や悩みを聞き，子育て支援に関する情報提供等を行う。合わせて親子の心身の状況や養育環境等の把握や助言を行い，支援が必要な家庭に対しては適切なサービス提供につなげる。訪問するのは保健師・助産師や民生委員児童委員，研修を受けた子育て経験者等，実施自治体により異なる。

④　養育支援訪問事業

育児ストレス，産後うつ病等により子育てに対して不安や孤立感等を抱える家庭や，様々な原因で養育支援が必要となっている家庭を対象に育児や家事の援助を訪問により実施する。子育て経験者や保育士，保健師等が訪問し，相談，指導，助言を行う。

⑤　子育て短期支援事業

病気など保護者が何らかの事情で養育することが困難となった児童を児童養護施設等で一時的に預かる事業である。短期入所生活援助（ショートステイ）事業と夜間養護等（トワイライトステイ）事業の2つがある。

⑥　子育て援助活動支援事業（ファミリー・サポート・センター事業）

地域の中で子育ての援助を行いたい人（援助会員）と援助をしてほしい人（依頼会員）の要望を調整して支援を提供する。保育所への送迎や保護者の病気や急用等の場合の子どもの預かりなど幅広い支援を低額で行っている。

⑦　一時預かり事業

一時的に家庭において保育を受けることができない乳幼児を預かる事業である。認定こども園，幼稚園，保育所，地域子育て支援拠点等で昼間預かっ

たり，居宅に訪問して保育を行う形態がある。
⑧ 延長保育事業
認定こども園，保育所等で通常の利用日や利用時間以外に保育を実施する事業である。保育所，認定こども園等で行う一般型と児童の居宅で行う訪問型の2つの類型がある。
⑨ 病児保育事業
病院や保育所等に設けられた専用スペース等で病児を一時的に保育する事業である。病児対応型・病後児対応型，体調不良児対応型，非施設型（訪問型）の3つの類型がある。

その他にも放課後児童クラブ，妊婦健康診査，子どもを守る地域ネットワーク機能強化事業，実費徴収に係る補足給付を行う事業，多様な事業者の参入促進・能力活用事業が子ども・子育て支援新制度における地域子ども・子育て支援事業に含まれる。

（3）子育て当事者や地域住民による支援

国や地方自治体が進めてきた子育て支援とは別に，子育て当事者や地域住民により進められた支援もある。

子育て当事者の活動としては，1980年代後半から自然発生的に生まれ日本全国に広がった子育てサークルがある。乳幼児を持つ親が主に地域を拠点として活動する集まりで，親同士の交流や子どもの遊びなどを目的としている。1990年代後半からは子育て支援センターなどの公的機関が子育てサークル作りを支援する取り組みが進んだ。子育ての多様化に伴い，若い母親たちが中心となった，ママサークル（ママサー），父親サークル，高齢出産や多胎児の母親のサークルなど様々な子育てサークルが活動を行っている。

一方，地域住民による活動としては主任児童委員やNPO等による子育てサロンがある。公民館など地域の施設で月に数回程度，乳幼児を持つ親が集

まり交流を行っている。自主的に行う子育てサークルに比べて支援者がいるため親にとっては気軽に参加することができ，子育ての仲間を作ったり，安心できる場所で子どもを遊ばせることで，子どもと少し離れることができ子育てのストレスを発散することができる。また，地域にとっても子育てサロンの運営に地域のさまざまな住民がかかわることで，子育てに関心を持つ住民が増え，地域ぐるみで子育てを応援する機運を高めることにもなる。

3　子どもの健全育成施策

（1）子どもの健全育成とは

　児童福祉法第1条で示されるようにすべての子どもは，「心身の健やかな成長」を保障される権利を有している。戦後すぐには戦災孤児など親のいない子どもへの保護が中心であったが，高度経済成長下の都市化や核家族化の進展に伴い子どもを取り巻く環境が大きく変化し，一般家庭の子どもの「心身の健やかな成長」を保障する対策が取られるようになった。

　一般財団法人児童健全育成推進財団は，子どもの健全育成策により次の5点に関する子どもの成長を進めるとしている。

　　① 身体の健康増進をはかる
　　日常生活で，自立して行動できるような体力（行動体力）と病気にかかりにくいような抵抗力（防衛体力）を高め，健やかな身体をつくること。
　　② 心の健康増進をはかる
　　不安感，緊張感，欲求不満感などを持つことがない安定した精神状態を保ち，人格的な発達をはかること。
　　③ 知的な適応能力を高める
　　子どもの能力や個性に応じて可能な限りの知識と技術を獲得し，生活

する上で必要な能力を高めること。

④　社会的適応能力を高める

発達段階に応じて,自分の所属するさまざまな集団生活の場において,他者との協調性や人間関係能力を高めること。

⑤　情操を豊かにする

美しいもの（美的情操），善いおこない（倫理的情操），崇高なもの（宗教的情操），つじつまの合うこと（科学的情操）などを見たり聞いたりした時に素直に感動する心を豊かにすること。

主な健全育成策として活動拠点の整備,地域活動の推進,放課後児童健全育成事業の推進がある。

(2) 児童厚生施設

児童厚生施設は児童福祉法第40条で「児童に健全な遊びを与えて,その健康を増進し,又は情操をゆたかにすることを目的とする」とされ児童館,児童遊園がある。

児童館は小型児童館,児童センター,大型児童館の3つの種別がある。

小型児童館は,小地域を対象として,児童に健全な遊びを与え,その健康を増進し,情操を豊かにするとともに,母親クラブ,子ども会等地域組織活動の育成助長を図る等児童の健全育成に関する総合的な機能を有する施設である。

児童センターは,小型児童館の機能に加えて,遊び（運動を主とする）を通じての体力増進を図ることを目的とする事業・設備のある施設で特に中学生,高校生等の年長児童に対しての支援をおこなうところを大型児童センターと言う。

大型児童館は,都道府県内や広域の子どもたちを対象とした活動をおこなっており,3つに区分されている。A型児童館は都道府県内の小型児童館,

児童センターの指導や連絡調整等の役割を果たし，B型児童館は豊かな自然環境に恵まれた地域内に設置され，子どもが宿泊をしながら，自然を生かした遊びを通じた健全育成活動を行っている。C型児童館は児童館全ての機能に加えて，芸術，体育，科学等の総合的な活動ができるように，劇場，ギャラリー，屋内プール，コンピュータ，プレールーム，宿泊研修室，児童遊園等が付設されている。

一方，児童遊園は児童の健康増進や，広場，遊具，トイレ等が設置された児童に安全かつ健全な遊び場所を提供する屋外型の施設である。

(3) 放課後児童健全育成事業

学童保育などとも呼ばれ，保護者が労働等により昼間家庭にいない小学生を対象とした事業である。授業の終了後等に小学校の余裕教室や児童館等を利用して適切な遊び及び生活の場を与えて，その健全な育成を図っている。

市町村，社会福祉法人による設置や保護者が中心となり設置し，運営しているところ等さまざまな形態がある。共働き家庭の増加とともに設置数が増え，1997（平成9）年の児童福祉法の改正により法制化された。

また，未就学児を保育所に預けていた子どもが小学生になると放課後に預けるところが見つかりにくくなる「小一の壁」が社会問題となり，2014（平成26）年に厚生労働省と文部科学省が共同で「放課後子ども総合プラン」が策定された。2019（平成31）年度末までに約30万人の受け入れ増加を整備するとされている。さらに，文部科学省が進めるすべての子どもを対象に，地域住民の参画を得て，学習やさまざまな体験・交流活動，スポーツ・文化活動等の機会を提供する取り組みである「放課後子供教室」との連携や一体化を進めることも明記されている。

(4) 地域組織活動

行政による取り組みだけではなく，地域では子ども会や母親クラブなど子

どもの健全育成を進めるためのさまざまな組織が活動を行っている。

公益社団法人全国子ども会連合会によれば、子ども会は「仲間と活動を共有することによって、その子の、その子が参加している集団の、より望ましい成長を意図したコミュニティ活動」であり、「地域を基盤とし、仲間集団のもつ形成力と、活動（経験）を通しての成長を統合し、よりたくましい子ども、子ども集団を実現しようとする活動」を行っている。具体的な活動としてラジオ体操等のスポーツ活動やレクリエーション、クリスマス会などの季節行事、工作や写生等の創作活動など地域ごとにさまざまな取り組みを行っている。

子どもの健全育成に大きな役割を果たしてきた子ども会であるが、近年、少子化や地域のつながりの弱まりにより活動が下火になったり、会の存続が難しくなったりする地域が増えてきている。

一方、母親クラブは児童館等を拠点とした地域の母親を中心とした活動で親子や世代間の交流、文化活動、研修活動、児童の事故防止活動等を行っている。全国的な組織として全国地域活動連絡協議会（みらい子どもネット）がある。

注
(1) 鯨岡峻「子育て支援をめぐるいくつかの視点」『発達』72, ミネルヴァ書房, 1997年, 2頁。
(2) 内閣府子ども・子育て本部「子ども・子育て支援新制度について」2016年。

参考文献
原田正文『子育ての変貌と次世代育成支援』名古屋大学出版会, 2006年。
山縣文治監修, 中谷奈津子編『住民主体の地域子育て支援』明石書店, 2013年。
内閣府・文部科学省・厚生労働省『子ども・子育て支援新制度ハンドブック（施設・事業者向け）』2015年。

第12章 障害児福祉サービス

1 障害児福祉にかかわる理念

はじめに,障害児(者)福祉に影響を及ぼした思想から,今日では障害をどのようにとらえているのかを考えてみよう。

(1) ノーマライゼーションの思想

障害のとらえ方は,時代の流れによって変化してきた。今日の障害児(者)福祉に大きな影響を及ぼしたのは,1960年代頃から北欧で唱えられた「ノーマライゼーション」の考え方である。

ノーマライゼーションという言葉は,デンマークのバンク-ミケルセン(N. E. Bank-Mikelsen)が最初に唱えた造語である。彼は,「ノーマライゼーションとは,知的障害者をいわゆるノーマルにすることを目的にしているのではない。目的とされているのは,ノーマルシィ(normalcy:正常)ではなく,ノーマライゼーション(normalization:正常化)なのである」と述べている。

その後,スウェーデンのベンクト・ニィリエ(B. Nirje)は「ノーマライゼーションとは知的障害者の日常生活の様式や条件を,社会の普通の環境や生活方法にできるだけ近づけることを意味する」と述べ,「障害をもつ老人や子ども,およびすべての人が同じように社会の一員として存在している社会がノーマルであり,社会の他の人たちと同じように,ごく自然に満たされているのが当然である」と主張した。

知的障害者の生活改善と人権擁護を唱えたノーマライゼーションの思想は,

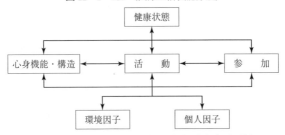

図12-1 ICF（国際生活機能分類）

出所：「国際生活機能分類――国際障害分類改訂版」（日本語版）。

その後世界中に広がり，障害者福祉の基本的思想として大きな影響を与えている。

（2）ICIDH から ICF へ

1980年に WHO（世界保健機関）は ICIDH（国際障害分類）を採択し，障害を「機能・形態障害」「能力障害」「社会的不利」という3つの次元で示した。これは，病気や変調がもとになって機能・形態障害が現れ，またそれにより能力障害が発生し，さらに社会的不利が生じさせることを示している。しかし，これは問題の原因（障害）が個人の内面に起因するという医学モデルの考え方であるとして，障害は社会的環境に作られるとした社会モデルの立場からの批判もあった。

その後，WHO は，2001年に ICF（国際生活機能分類）を採択した。ICF では，ICIHD にある「障害」という否定的表現を排除し中立的表現とするために，「機能・形態障害」を「心身機能・身体構造」へ，「能力障害」を「活動」へ，「社会的不利」を「参加」へと改めた（図12-1）。さらに，「背景因子」として，その人と外的関係性を示すこれまでの「環境因子」に加え，個人の人生や生活の特別な背景を意味する「個人因子」という概念を追加した。人々の生活には，それらのすべての緒因子が相互に関連し影響し合うという点も明確化した。

人は社会，環境とのかかわりをもちながら生活しており，その際に支障や制限・制約を感じる状態・状況が発生する。ICF は，その状態・状況を「機能障害」「活動制限」「参加制限」と定義し，障害はこの状態を指し，決して当事者そのものが障害（障害者）ではないことを明確化している。

2　わが国の法律にみる障害児（者）の定義

ここでは，いくつかの障害者福祉に関する法律から障害児（者）の定義をみてみよう。

（1）障害者基本法

障害者基本法は，さまざまな障害者福祉施策における基本的な事項を定めている法律である。同法の2条では障害者について以下の通りに定義されている。

> 「身体障害，知的障害，精神障害（発達障害を含む。）その他の心身の機能の障害（以下『障害』と総称する。）がある者であって，障害及び社会的障壁により継続的に日常生活又は社会生活に相当な制限を受ける状態にあるものをいう。」

（2）児童福祉法

児童福祉法第4条では，「児童とは満18歳に満たない者」とし，続いて同条第2項で障害児について，以下のように定義している。

> 「この法律で，障害児とは，身体に障害のある児童，知的障害のある児童，精神に障害のある児童（発達障害者支援法第2条第2項に規定する発達障害児を含む。）又は治療方法が確立していない疾病その他の特殊の疾病

であって障害者の日常生活及び社会生活を総合的に支援するための法律第4条第1項の政令で定めるものによる障害の程度が同項の厚生労働大臣が定める程度である児童をいう。」

　2012（平成24）年に児童福祉法の障害児の定義が見直され，これまでの「身体に障害のある児童又は知的障害のある児童」に，「精神に障害がある児童」が加えられ，発達障害児も障害児支援の対象として児童福祉法に位置づけられた。また，これまで支援を受けることが困難であった難病についても障害児の範囲に加えられた。
　なお，児童福祉法第7条第2項においては，「重度の知的障害及び重度の肢体不自由が重複している児童」を「重症心身障害児」としている。

（3）身体障害者福祉法
　身体障害者福祉法は，重度身体障害者を含めた身体障害者の自立と社会経済活動への参加を目的として基本的な事項を定めている。第4条において身体障害者について，以下のように定義している。

　　「この法律において，『身体障害者』とは，別表に掲げる身体上の障害がある18歳以上の者であって，都道府県知事から身体障害者手帳の交付を受けたものをいう。」

　定義にある「別表」とは，「身体障害者福祉法別表」を指し，視覚障害，聴覚または平衡機能障害，音声・言語期機能またはそしゃく機能の障害，肢体不自由，心臓機能障害，じん臓機能障害，呼吸器機能障害，ぼうこうまたは直腸の機能障害，小腸機能障害，ヒト免疫不全ウイルスによる免疫の機能，肝臓の機能障害に分類している。該当者には「身体障害者手帳」が交付される。また，障害の程度は，身体障害者福祉法施行規則別表第5号に示される

「身体障害者障害程度等級表」に基づき，1級から7級の等級の範囲で区分される。

（4）知的障害者福祉法

知的障害児は，児童福祉法第4条第2項にて「知的障害のある児童」とされているが，法律上は知的障害について定義されていない。ただし，厚生労働省「知的障害児（者）基礎調査」においては，「知的機能の障害が発達期（おおむね18歳まで）にあらわれ，日常生活に支障が生じているため，何らかの特別の援助を必要とする状態にあるもの」とされている。

（5）精神保健及び精神障害者福祉に関する法律

1995（平成7）年，精神保健法から名称が変更・改正された法律である。精神保健法では，精神障害者を治療の対象としてとらえていたが，この法律では，精神障害者の社会復帰への促進・自立と社会経済活動への参加促進の援助として福祉的支援が強調されている。第5条にて精神障害者を，以下のように定義している。

>「この法律で『精神障害者』とは，統合失調症，精神作用物質による急性中毒又はその依存症，知的障害，精神病質その他の精神疾患を有する者をいう。」

精神に障害のある児童とは，前述した定義のうち発達障害を含み，知的障害を除いた18歳未満の児童となる。

（6）発達障害者支援法

既存の障害者福祉の対象外であった発達障害を法的に規定し，発達障害者の心理機能の適正な発達及び円滑な社会生活の促進のために，療育，就労，

地域生活支援, 権利擁護等の支援を受けることができることを目的として2005（平成17）年に施行された。第2条において発達障害について, 以下のように定義している。

> 「この法律において『発達障害』とは, 自閉症, アスペルガー症候群その他の広汎性発達障害, 学習障害, 注意欠陥多動性障害その他これに類する脳機能の障害であってその症状が通常低年齢において発現するものとして政令で定めるものをいう。」
> 「この法律において『発達障害者』とは, 発達障害を有するために日常生活又は社会生活に制限を受けるものをいい,『発達障害児』とは, 発達障害者のうち18歳未満のものをいう。」
> 「この法律において『発達支援』とは, 発達障害者に対し, その心理機能の適正な発達を支援し, 及び円滑な社会生活を促進するため行う個々の発達障害者の特性に対応した医療的, 福祉的及び教育的援助をいう。」

前述の通り, 2012（平成24）年に児童福祉法の障害児の定義が見直され, 発達障害児については「精神に障害のある児童」に含められることが新たに規定された。

（7）手帳制度

身体障害（児）者の場合「身体障害者手帳」が都道府県知事（政令指定都市長および中核市の長）から所定の手続きによって交付される。また, 知的障害（児）者の場合「療育手帳」, 精神障害者の場合「精神障害者保健福祉手帳」が, 都道府県知事（政令指定都市長）から所定の手続きによって交付される。各手帳の概要は, 表12-1の通りである。

表12-1 障害者に関する手帳制度

名称（根拠法）	等　級	備　考
身体障害者手帳 （身体障害者福祉法第15条）	1～7級 （ただし，7級の手帳はない）	重度（1・2級） 中度（3・4級） 軽度（5・6級）
療育手帳 （旧厚生省通知「療育手帳制度について」）	A・B	重度（A） 中度・軽度（B）
精神障害者保健福祉手帳 （精神保健及び精神障害者福祉に関する法律第45条）	1～3級	2年ごとに認定 日常生活の用を弁ずることを不能ならしめる程度（1級） 日常生活が著しい制限を受けるか，または日常生活に著しい制限を加えることを必要とする程度（2級） 日常生活もしくは社会生活が制限を受けるか，または日常生活もしくは社会生活に制限を加えることを必要とする程度（3級）

出所：筆者作成。

3　障害児の支援に関する制度

　障害児とその家族を支援する福祉政策は，児童福祉法の改正と障害者の日常生活及び社会生活を総合的に支援するための法律（以下，障害者総合支援法）により展開されている。以下，代表的な障害児福祉サービスとその仕組みを説明する。

（1）児童福祉法に基づくサービス

　2012年（平成24年）4月1日から児童福祉法の改正などにより，18歳未満の障害児を対象にした福祉サービスは，児童福祉法により一元化された。改正前は，障害児に関する福祉サービスの提供体制は，児童福祉法と障害者自立支援法（現・障害者総合支援法）の二つの法律に分かれて実施されてきた。その上，各種事業も障害種別に規定された事業であったことから，地域によっては，施設・事業の量的な偏りも見られ，子どもたちが身近なサービス

表12-2　障害児福祉施設の概要

障害児入所支援

施設の種類	根拠法	対象者	目的	おもな職員
障害児入所施設（福祉型）	児童福祉法第42条第1号　児童福祉施設の設備及び運営に関する基準第48条	知的障害児，入院を要しない自閉症児，入院を要しない肢体不自由児，盲児，ろうあ児	障害児を入所させ，保護，日常生活の指導および独立自活に必要な知識技能の寄与	嘱託医，児童指導員，保育士，栄養士，調理員，児童発達支援管理責任者，心理指導担当職員，職業指導員
障害児入所施設（医療型）	児童福祉法第42条第2号　児童福祉施設の設備及び運営に関する基準第57条	知的障害児，肢体不自由児，重症心身障害児	障害児を入所させ，保護，日常生活の指導，独立自活に必要な知識技能の付与及び治療	医療法に規定する病院として必要な職員，児童指導員，保育士，児童発達支援管理責任者

障害児通所支援

施設の種類	根拠法	対象者	目的	おもな職員
児童発達支援センター（福祉型）	児童福祉法第43条第1号　児童福祉施設の設備及び運営に関する基準第62条	知的障害児，自閉症児，肢体不自由児，盲児，ろうあ児	障害児を日々保護者の下から通わせて，日常生活における基本的動作の指導，独立自活に必要な知識の付与または集団生活への適応のための訓練	嘱託医，看護師，児童指導員，保育士，栄養士，調理員，児童発達支援管理責任者，理学療法士，作業療法士，言語聴覚士，
児童発達支援センター（医療型）	児童福祉法第43条第2号　児童福祉施設の設備及び運営に関する基準第62条	肢体不自由児，重症心身障害児	障害児を日々保護者の下から通わせて，日常生活における基本的動作の指導，独立自活に必要な知識の付与または集団生活への適応のための訓練および治療	医療法に規定する診療所として必要な職員，児童指導員，保育士，看護師，作業療法士，理学療法士，児童発達支援管理責任者
放課後等デイサービス	児童福祉法第6条の2の2の4	就学している障害児	授業終了後や長期休暇中に児童発達支援センター等において，生活能力の向上のために必要な訓練などを提供する	児童指導員，保育士，児童発達支援管理者
保育所等訪問支援	児童福祉法第2条の2の2の5	保育所，幼稚園，小学校などに在籍している障害のある児童	保育所等に通う障害児につき，障害児以外の児童との集団生活への適応のための専門的な支援その他の便宜を供与する	障害児に対する指導経験のある児童指導員・保育士

出所：筆者作成。

を利用する機会に乏しいなど資源の不足も課題であった。改正によって、障害児に関する福祉サービスは、障害の区分を問わず、より身近な地域で支援が受けられるよう、サービスの質および量的拡大を図ることもねらいとしている。

さらに、障害児本人だけではなく、保護者やきょうだいを含む家族への支援も重視されるようになっている。児童福祉法に基づいた施設の概要は、表12-2の通りである。

(2) 障害者総合支援法に基づくサービス

障害者総合支援法に基づくサービスは、「自立支援医療」と「地域生活支援事業」を柱としたサービス体系になっている（図12-2）。

1）自立支援給付

自立支援給付は、「介護給付」「訓練等給付」「自立支援医療」と「補装具」に区分される。

① 介護給付

介護の支援を受ける介護給付には、9種類のサービスがある。そのうち、障害児が対象となるのは「居宅介護」「同行援護」「行動援護」「短期入所」「重度障害者等包括支援」である（表12-3）。

② 訓練等給付

訓練等の支援を受ける訓練等給付には、「自立訓練」「就労移行支援」「就労継続支援」「共同生活援助」の4種類のサービスがある。訓練等給付、障害児は対象としていない。

③ 自立支援医療

障害者手帳を所持している障害児で、生活能力を高める医療が必要な場合に、一定条件のもとで医療保険の自己負担分が支給される。

④ 補装具

補装具とは、障害児（者）が装着することにより、失われた身体の一部、

図 12-2 総合的な自立支援システムの構築

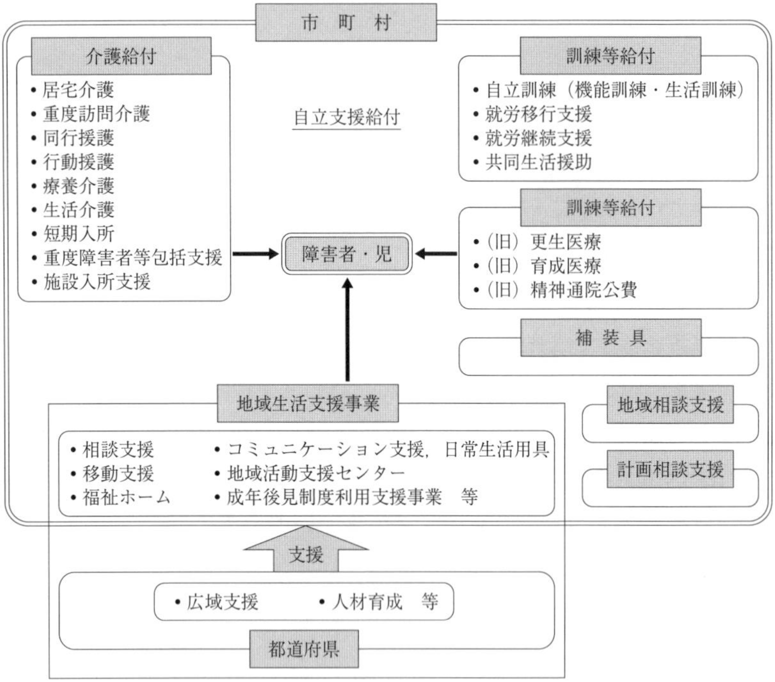

```
                          市 町 村

    ┌─ 介護給付 ─┐                      ┌─ 訓練等給付 ─┐
    ・居宅介護                            ・自立訓練（機能訓練・生活訓練）
    ・重度訪問介護      自立支援給付      ・就労移行支援
    ・同行援護                            ・就労継続支援
    ・行動援護                            ・共同生活援助
    ・療養介護
    ・生活介護                            ┌─ 訓練等給付 ─┐
    ・短期入所                            ・（旧）更生医療
    ・重度障害者等包括支援  → 障害者・児 ← ・（旧）育成医療
    ・施設入所支援                        ・（旧）精神通院公費

                                         ┌─ 補装具 ─┐

              ┌─ 地域生活支援事業 ─┐       ┌─ 地域相談支援 ─┐
              ・相談支援  ・コミュニケーション支援，日常生活用具
              ・移動支援  ・地域活動支援センター                ┌─ 計画相談支援 ─┐
              ・福祉ホーム ・成年後見制度利用支援事業　等

                            ↑ 支援
              ・広域支援    ・人材育成　等
                          都道府県
```

出所：厚生労働統計協会編『国民の福祉と介護の動向 2015／2016』厚生労働統計協会，2015年，114頁。

あるいは機能を補完するものである。補装具の購入費・修理費が支給される。

2）地域生活支援事業

障害児（者）が，自立した日常生活又は社会生活を営むことができるよう，最も身近な市町村を中心として地域の特性や利用者の状況に応じて行われる事業である。

障害児を対象とした事業には，「相談支援事業」「コミュニケーション支援事業」「移送支援事業」「地域活動支援センター」「日中一時支援事業」等がある。

第12章 障害児福祉サービス

表12-3 介護給付の内容

名　称	サービス内容
居宅介護	居宅において，入浴，排せつ及び食事等の介護，調理，洗濯及び掃除等の家事並びに生活等に関する相談及び助言，その他の生活全般にわたる援助を行う。
同行援護	視覚障害により，移動に著しい困難を有する障害者等につき，外出時において，当該障害者等に同行し，移動に必要な情報を提供するとともに，移動の援護，排せつ及び食事等の介護その他の当該障害者等が外出する際に必要な援助を行う。
行動援護	知的障害又は精神障害により行動上著しい困難を有する障害者等であって常時介護を要するものにつき，当該障害者等が行動する際に生じ得る危険を回避するために必要な援護，外出時における移動中の介護，排せつ及び食事等の介護，その他行動する際に必要な援助を行う。
短期入所	居宅においてその介護を行う者の疾病その他の理由により，障害者支援施設，児童福祉施設その他の以下に掲げる便宜を適切に行うことができる施設等への短期間の入所を必要とする障害者等につき，当該施設に短期間の入所をさせ，入浴，排せつ及び食事その他の必要な保護を行う。
重度障害者等包括支援	重度の障害者等に対し，居宅介護，同行援護，重度訪問介護，行動援護，生活介護，短期入所，共同生活介護，自立訓練，就労移行支援及び就労継続支援を包括的に提供する。

出所：筆者作成。

（3）サービス利用の流れと支給決定

　児童福祉法に基づく障害児通所支援を利用する場合には，市町村への申請が必要となる。また，障害児支援利用計画案の作成が必要となり，立案は指定障害児相談支援事業者によって作成される。障害児入所支援を利用する場合の窓口は児童相談所である。

　障害者総合支援法に基づくサービスを利用する場合は，同じく市町村への申請が必要となる。障害支援区分の認定とサービス等利用計画の作成が必要となり，立案は指定特定相談支援事業業者によって作成される（表12-4）。

（4）保護者等への経済的支援

　障害児を養育する保護者に対して，特別児童扶養手当，障害児福祉手当が支給される（表12-5）。また，障害児入所施設や障害福祉サービスの利用に

表12-4 サービス利用時の相談支援と支給決定

根拠法	相談先と利用する支援		支給決定	利用形式
児童福祉法	児童相談所	→ 福祉型障害児入所施設 医療型障害児入所施設	都道府県（指定都市含む）が入所・支給決定	契約・措置
	〈障害児相談支援〉 指定障害児相談 支援事業者	→ 児童発達支援 放課後等デイサービス等	市町村がサービス支給決定	契約
障害者総合支援法	〈計画相談支援〉 指定特定相談 支援事業者	→ 各種の障害福祉サービス 居宅介護・短期入所・ 行動援護等	市町村がサービス支給決定	契約

出所：勝井陽子「障害児福祉施策の現状と課題」星野政明・石村由利子・伊藤利明編著『全訂 子どもの福祉と子育て家庭支援』みらい，2015年，134頁。

表12-5 障害児療育者への支援

手当	対象	手当額（月額）
特別児童扶養手当	20歳未満の重度・中度の在宅障害児を監護・養育する者	1級：5万1,500円 2級：3万4,300円
障害児福祉手当	20歳未満の重度の在宅障害児を監護・養育する者	1万4,600円 (特別児童扶養手当との併給可)

注：手当額は2016（平成28）年4月現在。
出所：筆者作成。

あたっては，世帯の所得に応じての負担金の行減が定められており，食費や医療費等が免除される。その他，都道府県や市町村などにおいて経済的支援を目的とした手当などがある。

4 福祉・保健・医療・教育機関の連携と保護者への支援

厚生労働省の「障害児支援の在り方に関する検討会」(2015年) によって，①ライフステージに応じた支援の連続性，②関係者の連携，③保護者支援・家族支援について，より早い段階から関係を継続することの重要性が示された。さらに，2015（平成27）年度から「子ども・子育て支援法」に基づく子

ども・子育て支援新制度が始まったが，その中でも障害児への支援における，教育・障害児施設，支援者の役割が示されている。

　今後，障害児福祉サービスにおいては妊娠や出産などのライフイベントや乳児期や幼児期などの子どものライフステージを横断して展開される子どもと保護者への支援が，これまで以上に求められるようになってきている。

　障害を早期に発見し，早期の療育を受けることは障害児支援においては重要である。しかし，わが子の障害を受け入れることは，保護者にとって苦しいものであることも理解しなくてはならない。多くの保護者は，ショック期，否認期，混乱期，解決への努力期などの長い過程を経て「障害受容」にたどり着くといわれている。今後，福祉・保健・医療・教育が連携し，本章で述べてきたさまざまな障害児福祉サービスが制度の一貫した支援が，子どもの成長と発達を踏まえた長期的な視点に立って，展開されることが求められている。

参考文献
相澤譲治・橋本好市・直島正樹編『障害者への支援と障害者自立支援制度――障害者ソーシャルワークと障害者総合支援法』みらい，2013年。
厚生労働省『社会保障審議会医療保険部会　第1回子どもの医療制度の在り方等に関する検討会資料5』2015年9月2日。
社会福祉士養成講座編集委員会編『児童や家庭に対する支援と児童・家庭福祉制度　第6版』中央法規出版，2016年。
星野政明・石村由利子・伊藤利明編著『全訂　子どもの福祉と子育て家庭支援』みらい，2015年。
前田泰弘編『実践に生かす障害児保育』萌文書林，2016年。

第13章 保育サービス

1 保育サービスとは

(1) 保育及び保育サービスとは
1) 保　育

　保育とは,「人間が人間を育てる営み」であり,「制度の制約を受け,社会の需要によって変化」するものであるため厳密な定義はないと言える。保育は就学前の子どもに提供されているものであり,保育所,幼稚園,そして現在では認定こども園などでも行われている。保育とは教育的な意味も含む用語であり,幼稚園で行われている教育についても保育と表現することがある。

　また,保育所は児童福祉施設の一つであるため教育的な機能を持たないと誤解されることがあるが,保育所にも教育的な機能があることが50年以上前から示されている。さらに2008（平成20）年からは3～5歳の保育所保育指針と幼稚園教育要領のねらいはほぼ同じになっており,保育所の教育的な機能についてより明確に示されている。つまり,保育とは福祉的な機能と教育的な機能の両方を併せ持った用語である。

2) 保育サービス

　「保育」に「サービス」という言葉をつけた「保育サービス」という用語の場合,一般的に保護者の就労などを理由に「保育を必要とする事由」にあてはまる子どもに対して保育をするサービスを指し示す。そのため,幼稚園は保育サービスに含まないことが多いが,子ども・子育て支援新制度において就学前の教育と保育を一体的に捉える試みがなされていることから,本章

では保育サービスの説明に幼稚園も含める。

(2) 保育サービスを取り巻く現状

わが国では1990（平成2）年の1.57ショック（第3章参照）から少子化問題が重視されるようになった。その後も合計特殊出生率は低下をたどり，2005（平成17）年に過去最低の1.26となった。さらに2016（平成28）年の出生数は初めて100万人を下回るなど(4)，依然少子化は大きな課題となっている。このように子どもの数は減少しているものの共働き家庭の増加などによって，保護者に代わって乳幼児を保育する，保育サービスの量は追いついておらず，都市部を中心に待機児童の問題の深刻化が継続している。

保育は戦後長らく「保育に欠ける」（現在の保育を必要とする事由）0歳から就学前の子どもを対象とした保育所における保育と，概ね3歳児から就学前の子どもを対象とした幼稚園における保育に大別されてきた。しかし，2006（平成18）年10月1日に「就学前の子どもに関する教育，保育等の総合的な提供の推進に関する法律（以下，認定こども園法）」に基づく就学前の教育・保育を総合的に行う認定こども園制度がスタートした。認定こども園は保育の必要性の有無にかかわらず，子どもを通わせることのできる保育所と幼稚園の両方の機能をもった施設である。そのため，保護者の状況によって利用施設を変更する必要がない。

さらに2015（平成27）年度には子ども・子育て支援新制度が施行され，保育サービスの種類も利用のあり方も大きく変化した。それまで施設によってばらばらであった財政支援が共通になり，保育所，幼稚園（新制度に移行しない幼稚園を除く），認定こども園は施設型給付として財源が充てられ，新しく小規模保育，家庭的保育，居宅訪問型保育，事業所内保育は，地域型保育給付として財源が充てられることになった。

第13章では主に子ども・子育て支援新制度における保育サービスの種類とその利用の仕組みについて説明する。

2 保育サービスの種類

(1) 子ども・子育て支援新制度における保育サービスの種類

2015（平成27）年度から子ども・子育て支援新制度の施行に伴って利用者のきめ細やかなニーズにより答えることができるように保育サービスの種類が増えた。また、これに伴い①保育所、②幼稚園（新制度に移行しない幼稚園を除く）、③認定こども園の利用を希望する場合、子どもはそれぞれの保護者の状況に応じて「保育を必要とする事由」にあたるか各市町村によって判断されることになった。

保育サービスの利用はこの「保育を必要とする事由」にあてはまるのか、あてはまる場合どの程度あてはまるのかといった判断と子どもの年齢によって利用できる施設が異なってくる。同じく、地域型保育事業についても利用をするためには「保育を必要とする事由」にあてはまる必要がある。

(2) 保育所・幼稚園・認定こども園

1) 保育所

保育所（いわゆる認可保育所）は、1947（昭和22）年に制定された「児童福祉法」の中の児童福祉施設の一つである。「保育を必要とする事由」にあたる子どもに保育を提供する施設で、対象年齢は0歳児から就学前の子どもである。一般的に1日11時間以上、年300日以上開所している。

認可保育所には大きく公立保育所と私立保育所がある。どちらも保育料は保護者の所得に応じて市町村ごとに定められている。これ以外にも無認可保育所といわれる児童福祉法の保育所の基準を満たしていない保育施設がある。無認可保育所は税による補助がないために一般的に認可保育所よりも利用料は高額である。また、無認可保育所は保育認定を受ける必要はない。現在は認可保育所と無認可保育所以外に自治体が独自の基準で認証し、補助をして

いる「認証保育所」などもあり、認可保育所と無認可保育所の間にあるような保育施設も存在する。

2）幼稚園

幼稚園は1947（昭和22）年に制定された「学校教育法」の中の学校の一つとして位置づけられている施設である。対象年齢は園によって多少異なるが、3歳児から就学前の子どもを対象としている。1日4時間程度の教育（保育）を実施しており、小学校などと同じように春、夏、冬休みがあり、年39週以上開所している。近年では待機児童の増加や個々の保護者のニーズに応じる形で夕方ごろまで預かり保育を実施する園も増えている。

幼稚園も大きく公立幼稚園と私立幼稚園がある。幼稚園は子ども・子育て支援新制度が施行されるまでは保護者の所得に関係なく保育料は園ごとに一律であった。しかし、新制度に移行した幼稚園については保育所と同様保護者の所得に応じて保育料が設定されるようになった。

3）認定こども園

認定こども園は2006（平成18）年に制定された認定こども園法に基づく就学前の教育・保育を総合的に行う施設である。わが国では長らく就学前の保育は保育所または幼稚園で実施されてきたが保護者の状況が変化した場合、子どもが施設を移らなければいけないという問題があった。また、都市部では保育所の定員が足りない一方で人口が減少している地方では保育所、幼稚園ともに定員割れで施設の運営が成り立たないなどの問題があり、保育所と幼稚園が1つの機能となる「幼保一元化」が目指され、できたのが認定こども園である。

認定こども園は①幼保連携型（学校かつ児童福祉施設），②幼稚園型（学校〔幼稚園＋保育所機能〕），③保育所型（児童福祉施設〔保育所＋幼稚園機能〕），地方裁量型（幼稚園機能＋保育所機能）の4つの類型がある（表13-1）。認定こども園は法成立当初、幼稚園は学校教育法に基づく認可、保育所は児童福祉法に基づく認可を受けなければならず、認可の流れが複雑であった。そこで、

第13章 保育サービス

表13-1 幼保連携型認定こども園とその他の認定こども園の比較（主なもの）

	幼保連携型認定こども園	幼稚園型認定こども園	保育所型認定こども園	地方裁量型認定こども園
法的性格	学校かつ児童福祉施設	学校（幼稚園＋保育所機能）	児童福祉施設（保育所＋幼稚園機能）	幼稚園機能＋保育所機能
職員の性格	保育教諭(注1)（幼稚園教諭＋保育士資格）	満3歳以上→両免許・資格の併有が望ましいがいずれかでも可 満3歳未満→保育士資格が必要	満3歳以上→両免許・資格の併有が望ましいがいずれかでも可 満3歳未満→保育士資格が必要 ※ただし、2・3号子どもに対する保育に従事する場合は、保育士資格が必要	満3歳以上→両免許・資格の併有が望ましいがいずれかでも可 満3歳未満→保育士資格が必要
給食の提供	2・3号子どもに対する食事の提供義務 自園調理が原則・調理室の設置義務（満3歳以上は、外部搬入可）	2・3号子どもに対する食事の提供義務 自園調理が原則・調理室の設置義務（満3歳以上は、外部搬入可） ※ただし、基準は参酌基準のため、各都道府県の条例等により、異なる場合がある。	2・3号子どもに対する食事の提供義務 自園調理が原則・調理室の設置義務（満3歳以上は、外部搬入可）	2・3号子どもに対する食事の提供義務 自園調理が原則・調理室の設置義務（満3歳以上は、外部搬入可） ※ただし、基準は参酌基準のため、各都道府県の条例等により、異なる場合がある。
開園日・開園時間	11時間開園、土曜日が開園が原則（弾力運用可）	地域の実情に応じて設定	11時間開園、土曜日が開園が原則（弾力運用可）	地域の実情に応じて設定

注：(1) 一定の経過措置あり
　　(2) 施設整備費について
　　　・安心こども基金により対象となっていた各類型の施設整備に係る費用については、新制度施行後においても引き続き、認定こども園施設整備交付金や保育所等整備交付金等により、補助の対象となります。
　　　・1号認定子どもに係る費用については公定価格上減価償却に係る費用が算定されています。また2・3号認定子どもに係る費用については、施設整備費補助を受けずに整備した施設について同加算が受けられます。
出所：内閣府「子ども・子育て支援新制度について」2016年4月、28頁。

　認定こども園法の改正（平成24年法律第66号）により、「学校及び児童福祉施設としての法的位置付けを持つ単一の施設」を創設（新たな「幼保連携型認定こども園」）とした。

　また、認定こども園は保育所と幼稚園の両方の機能をもつことから、職員は基本的に保育教諭（幼稚園教諭免許と保育士資格の両方の保持）が求められる。

しかしながら，一方の資格のみをもつ人材のために現在は5年をめどに経過措置が取られている。

（3）地域型保育事業

地域型保育事業は2015（平成27）年度の子ども・子育て支援新制度で新たに設けられた保育サービスの一つである。地域型保育には4つの種類があり，①家庭的保育（保育ママ），②小規模保育，③事業所内保育，④居宅訪問型保育に分類され，主に3歳未満の乳幼児を対象としたものである（必要に応じて3歳以上の幼児も可能）。

① 家庭的保育（保育ママ）
定員は5人以下で，家庭的な雰囲気のもとで保育する。
② 小規模保育
定員は6〜19人で，家庭的保育に近い雰囲気のもとで保育する。
③ 事業所内保育
会社の事業所の保育施設などで，従業員の子どもと地域の子どもを一緒に保育する。
④ 居宅訪問型保育
障害・疾病等で個別ケアが必要な場合や，施設がなくなった地域で保育を維持する必要がある場合等に保護者の自宅で1対1で保育する。

（4）その他の保育サービス

その他，保育認定にかかわらず利用できる保育サービスに，以下のようなものがある。

① ファミリー・サポート・センター
子どもを預けることを希望する者と子どもを預かり援助することを希望する者が相互に助け合う。

② 一時預かり

急な用事，短期の仕事，リフレッシュしたい時などに保育所や地域子育て支援拠点などで子どもを預かる。または幼稚園で教育時間終了後や土曜日に子どもを預かる。

③ 病児・病後児保育

病気または回復期にある子どもについて，病院・保育所等に付設された専用スペース等において，看護師等が一時的に保育等を行う。

④ 放課後児童クラブ

保護者が労働等により昼間家庭にいない小学校に就学している児童に対し，授業の終了後等に小学校の余裕教室や児童館等において適切な遊び及び生活の場を与えて，その健全な育成を図る。

3　子ども・子育て支援新制度における保育サービスの利用

(1) 保育認定とは

子ども・子育て支援新制度のスタートに伴って新制度に移行しない幼稚園を除く幼稚園，保育所，認定こども園，地域型保育を利用するためには「保育認定」を受けることになった。

保育認定とは，保護者が子どもを教育・保育施設を利用することを希望するとき，その子どもが「保育を必要とする事由」にあるかを判断するものである。

市町村は申請のあった就学前の子どもをもつ保護者に対して保育の必要量の認定を行い，「支給認定証」の発行を行う。認定区分は1号認定子ども，2号認定子ども，3号認定子どもの3分類である。表13-2に示されているように1号認定子どもは，満3歳以上の子どもで教育のみを希望する家庭の子どもが受ける認定である。幼稚園もしくは認定こども園の利用ができる。両親ともに就労していても保護者の意向で幼稚園の利用を希望する場合など

表13-2 施設型給付費等の支給を受ける子どもの認定区分

○子ども・子育て支援法では，教育・保育を利用する子どもについて3つの認定区分が設けられ，これに従って施設型給付等が行われる。（施設・事業者が代理受領）

認定区分	給付の内容	利用定員を設定し，給付を受けることとなる施設・事業
1号認定子ども 満3歳以上の小学校就学前の子どもであって，2号認定子ども以外のもの（第19条第1項第1号）	教育標準時間[1]	幼稚園 認定こども園
2号認定子ども 満3歳以上の小学校就学前の子どもであって，保護者の労働又は疾病その他の内閣府令で定める事由により家庭において必要な保育を受けることが困難であるもの（第19条第1項第2号）	保育短時間 保育標準時間	保育所 認定こども園
3号認定子ども 満3歳未満の小学校就学前の子どもであって，保護者の労働又は疾病その他の内閣府令で定める事由により家庭において必要な保育を受けることが困難であるもの（第19条第1項第3号）	保育短時間 保育標準時間	保育所 認定こども園 小規模保育等

注：(1) 教育標準時間外の利用については，一時預かり事業（幼稚園型）等の対象となる。
出所：表13-1と同じ，7頁，を一部修正。

はあえて1号認定を受けることもできる。2号認定子どもは，1号認定子どもと同じ満3歳以上の子どもを対象としているが，後に示す国が定める「保育を必要とする事由」にあてはまる子どもが受ける認定である。保育所または認定こども園を利用することができる。3号認定子どもは，満3歳未満で「保育を必要とする事由」にあてはまる子どもが受ける認定である。保育所，認定こども園または地域型保育が利用できる。

保育認定を受けるためには市町村での申請手続きが必要であるが，1号認定に限り幼稚園や認定こども園に申請する方式をとっている。

（2）国が定める「保育を必要とする事由」

現在，国が定めている「保育を必要とする事由」は，以下の通りである。

① 就　労
- フルタイムのほか，パートタイム，夜間など基本的にすべての就労に対応（一時預かりで対応可能な短時間の就労は除く）
② 妊娠，出産
③ 保護者の疾病，障害
④ 同居又は長期入院等している親族の介護・看護・兄弟姉妹の小児慢性疾患に伴う看護など，同居又は長期入院・入所している親族の常時の介護，看護
⑤ 災害復旧
⑥ 求職活動・起業準備を含む
⑦ 就学・職業訓練校等における職業訓練を含む
⑧ 虐待やＤＶのおそれがあること
⑨ 育児休業取得時に，既に保育を利用している子どもがいて継続利用が必要であること
⑩ その他，上記に類する状態として市町村が認める場合

　上記の中でもとくに⑥〜⑨は子ども・子育て支援新制度で新たに明記されたものであり，保育を必要とする子どもと家庭のさまざまなニーズに幅広く答えることができるように試みられていることが伺える。
　また，①就労については，さらに保育標準時間利用（フルタイムを想定した利用時間，最長11時間）と保育短時間利用（パートタイム就労を想定した利用時間，最長8時間）に区分され，今まで保育利用の認可が難しかったパートタイム就労においても保育サービスが利用できることが明確になった。

（3）保育サービス利用までの流れ

　1号認定子どもとして幼稚園，認定こども園の幼稚園部分の利用を希望する場合は，保護者が子どもを入園させたいと考える幼稚園，認定こども園に

直接申し込み，入園内定の通知を受け取る。1号認定の申請も保護者に代わってそれらの施設が市町村に申請する。一方でそれ以外の2号認定子ども，3号認定子どもとして保育サービスの利用を希望する場合，保護者は市町村に保育の必要性の認定を申請する。同時に市町村に子どもを入所させたいと考える施設の利用を申し込む。

　必ずしも希望が通るわけではなく，市町村で利用調整が行われたあと，認められれば施設を利用することができるのだが，現在は都市部を中心に保育利用の希望が定員数を超えることが多い。そのため，保護者が子どもを利用させたい保育施設があったとしても希望が通らない，そればかりかどこの施設もいっぱいで待機児童となってしまうといった事態が起こっている。利用調整は公立の保育サービスであっても私立の保育サービスであっても市町村が一括して担っている。

　利用調整にあたっては，①ひとり親家庭，②生活保護世帯，③生計中心者の失業により，就労の必要性が高い場合，④虐待やDVのおそれがある場合など，社会的養護が必要な場合，⑤子どもが障害を有する場合，⑥育児休業明け，⑦兄弟姉妹（多胎児を含む）が同一の保育所等の利用を希望する場合，⑧小規模保育事業などの卒園児童，そして⑨その他市町村が定める事由，としてそれぞれの市町村において考慮されることになっている。

　このような現状があることから，子ども・子育て支援新制度において保育短時間利用の制度はできたものの，実際は保育サービス利用の優先順位が低くなり，母親がパートタイムで働いている場合は保育所を利用しにくいといった問題が依然残っている。

4　待機児童の問題

（1）待機児童問題の変遷

　保育サービスを必要とするにもかかわらず，保育所などの保育サービスの

定員が足りずに入所できない子どもを「待機児童」といい，社会問題となっている。

1995（平成7）年に初めて国が発表した待機児童の数は2万8,481人であった。その後，エンゼルプラン，新エンゼルプラン，子ども子育て応援プランには目標の一つとして待機児童の解消が掲げられ，保育所の定員は2000（平成12）年以降増え続けているが待機児童は過去10年間の間に1.8万人から2.6万人の間を推移している。

中でも待機児童の8割以上は0～2歳児であり，『小規模保育白書 2016年版』によると，待機児童問題対策として0～2歳児を対象とした「小規模保育」が誕生した。

（2）保育士不足の問題

現在，国は保育サービスの量の拡充と質の確保を急いでいるが，これを促進するために重要な保育サービスを支える人的資源である保育士の不足が深刻である。

2013（平成25）年に厚生労働省が出した「待機児童解消加速化プラン」の中で同年の全国の保育所勤務保育士数は37万8,000人であり，2017（平成29）年度には保育士が46万3,000人必要であると見込んでいる。自然増を2万人と計算しても6万9,000人を補う必要があるが，現状は厳しく，例えば2015（平成27）年12月に保育士等確保対策検討会が出した「保育の担い手確保に向けた緊急的な取りまとめ」によると，保育士の有効求人倍率は全国1.93倍，東京都で5.39倍（2015（平成27）年10月現在）となっている。国は保育士確保策を出しているが保育士の給与水準が他業種と比べて著しく低い等の問題もあり，保育士の処遇改善に関する問題が非常に大きいと言える。

（3）利用者支援事業の特定型

現在の待機児童の問題や保育サービスの種類の増加，利用における手続き

の複雑さの問題によって利用者が必要な保育サービスをうまく利用できないという課題が生じている。

そこで，保育サービスの利用のために必要な情報を収集したり，手続きをしたりすることが困難な保護者のために保育サービスの利用についての利用者支援をおこなう利用者支援事業（特定型）が子ども・子育て支援法（平成24年法律第65号）59条第1項に基づいて2015（平成27）年度から本格的にスタートしている。

このように保育サービスは量と質の確保だけでなく，適切な利用の支援をしていくことが今後の重要な課題である。

注
(1) 近藤幹生『保育とは何か』，岩波新書，2014，4頁。
(2) 同前書，4頁。
(3) 1963（昭和38）年，当時の厚生省・文部省の両局長の通達「幼稚園と保育所の関係について」で，保育所の教育部分については幼稚園教育要領に準じることになっている。
(4) 厚生労働省「2016（平成28）年人口動態統計の年間推計」（2016年12月22日発表）。

参考文献
内閣府・文部科学省・厚生労働省「子ども・子育て支援新制度なるほどBOOK 改訂版」2016年4月。
内閣府「子ども・子育て支援新制度について」2016年4月。
榎本祐子「乳幼児期の保育と教育」木村容子・有村大士編著『子ども家庭福祉』ミネルヴァ書房，2016年，176-183頁。
全国小規模保育協議会『小規模保育白書 2016年版』，2016年。

第14章　非行問題に関するサービス

1　非行とその種類

(1) 非行少年とは

　一般的に非行とは，社会規範や法律に照らし合わせて，その社会において守らなければならないルールに対し，大きく逸脱した行為のことを言う。そして非行少年とは，そのような社会ルールを破る行為をとる少年のことを言うが，厳密に言えば法律上でこの非行少年は定義されておらず，少年法第3条で「審判に付すべき少年」として定められている。少年法は児童福祉法と違って，第2条で「20歳に満たない者」を「少年」と定義しており，そこで非行少年を年齢と行為の程度によって3つに分けている。

(2) 非行少年の種類

　前述したように非行少年の種類を少年法第3条第1項第1号〜第3号で以下のように分類している

1) 犯罪少年

　「罪を犯した少年」と定められている。つまり14歳以上20歳未満の少年で刑法などの刑罰法令に触れる行為を行った者を「犯罪少年」と言う。これは刑法第41条で「14歳に満たない者の行為は，罰しない」としており，少年法のそれに合わせている。14歳以上の少年が犯罪を行った場合は原則的に警察に検挙され，家庭裁判所に送致されることになる。また殺人等の凶悪な犯罪を行った場合については検察官に送致され，刑事処分となり大人と同じ対応

をとる。

2）触法少年

「14歳に満たないで刑罰法令に触れる行為をした少年」と定められている。14歳に満たない少年は刑法でも定められている通り，責任能力がないと見なされており罰することができず，その行為は「犯罪」と捉えることができない。そのため14歳未満の少年は「刑罰法令に触れる行為」という形で捉えられる。14歳未満の者が「刑罰法令に触れる行為」を行うと，警察は児童相談所に通告することとなる。しかし，少年法第3条第2項で「家庭裁判所は，前項第2号に掲げる少年及び同項第3号に掲げる少年で14歳に満たない者については，都道府県知事又は児童相談所長から送致を受けたときに限り，これを審判に付することができる」と規定されており，その行為が重大なものである場合，児童相談所から家庭裁判所に送致されることもある。

3）虞犯少年

「次に掲げる事由があって，その性格又は環境に照らして，将来，罪を犯し，又は刑罰法令に触れる行為をする虞のある少年」と規定している。「次に掲げる事由」とは以下の事を指す。

① 保護者の正当な監督に服しない性癖のあること。
② 正当の理由がなく家庭に寄り附かないこと。
③ 犯罪性のある人若しくは不道徳な人と交際し，又はいかがわしい場所に出入すること。
④ 自己又は他人の徳性を害する行為をする性癖のあること。

つまり「犯罪のおそれのある少年」のことを言い，そのまま放置しておくことで将来的に違法行為を行うおそれがある少年という意味である。

前述でも触れているように少年法では20歳未満を少年としている。したがって虞犯行為を行った18歳以上の少年については，児童福祉法の対象から

外れるため，家庭裁判所に送致されることとなる。14歳以上18歳未満の者については，その虞犯行為の内容によって児童相談所に通告もしくは家庭裁判所に送致されることになる。14歳未満の者については，児童相談所に通告される。しかし，触法少年同じく少年法第3条第2項で定められている通り，その虞犯行為の重大さによっては，児童相談所から家庭裁判所に送致されることもあり得る。

（3）非行問題にかかわる法律

少年法と児童福祉法が非行問題にかかわる主な法律である。その二つの法律により，問題の程度や年齢等が考慮され，非行問題についての対応がなされている。

1）少年法

第1条で，この法律の目的を「この法律は，少年の健全な育成を期し，非行のある少年に対して性格の矯正及び環境の調整に関する保護処分を行うとともに，少年の刑事事件について特別の措置を講ずること」として規定しており，1948（昭和23）年に制定された。つまり20歳未満の少年（少女も含む）の健全育成のために，非行のある少年の性格矯正と環境調整に関する保護処分を行うことがこの法律の主な目的である。

犯罪の低年齢化と凶悪化から2000（平成12）年に法改正された。主な内容としては14歳以上であれば刑事処分することができ，16歳以上の少年が故意の犯罪行為によって被害者を死亡させた場合は，検察官に送致しなければならなくなり，少年犯罪への厳罰化がなされた。

2007（平成19）年の改正では，少年院の収容対象年齢が「14歳以上」から「14歳未満の少年（おおむね12歳）」となり，家庭裁判所が特に必要と認める場合は少年院に送致されることとなった。

2）児童福祉法

児童福祉法において，非行を行った少年（18歳未満）は「要保護児童」と

されており，保護が必要な児童として位置づけられている。そして第25条で「要保護児童を発見した者は，これを市町村，都道府県の設置する福祉事務所若しくは児童相談所又は児童委員を介して市町村，都道府県の設置する福祉事務所若しくは児童相談所に通告しなければならない。ただし，罪を犯した満14歳以上の児童については，この限りでない。この場合においては，これを家庭裁判所に通告しなければならない。」と規定されており，原則的に犯罪行為を行った少年は14歳未満であれば児童相談所に通告，14歳以上の少年であれば家庭裁判所に通告されることになる。ただし，前述しているが行為の重大さによっては第27条第1項第4号に「家庭裁判所の審判に付することが適当であると認める児童は，これを家庭裁判所に送致すること」と規定されているとおり，児童相談所から家庭裁判所に送致されることもある。

2 非行問題の現状

(1) 少年犯罪の件数と年齢

　現代のわが国では，少年が起こす事件や犯罪に巻き込まれる事件の報道がニュースなどでよく見かけるようになった。実際に神戸連続児童殺傷事件[1]や川崎市中1男子生徒殺害事件[2]など記憶に残るような大きな事件も起きている。報道等を見る限りでは，少年犯罪の件数は年々増加しているような印象を受けるのではないだろうか。

　では，実際に少年による犯罪の件数はどうなっているのだろうか。2015（平成27）年度における刑法犯少年の検挙数は，3万8,921人となっている。触法少年（刑法）の補導数は9,759人，虞犯少年の検挙数は1,089人となっている。この数は年次推移として見てみるとどうであろうか。図14-1〜3は，それぞれ刑法犯少年，触法少年（刑法），虞犯少年の検挙・補導件数の推移である。これを見ると，刑法犯少年の検挙人員，触法少年（刑法）の補導人員，虞犯少年の補導人員は，ここ10年いずれも減少傾向である。

第14章 非行問題に関するサービス

図14-1 刑法犯少年検挙人員数・人口比の推移

出所：内閣府編『子ども・若者白書 平成28年版』2016年, を基に筆者作成。

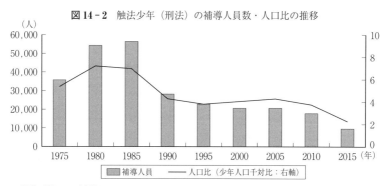

図14-2 触法少年（刑法）の補導人員数・人口比の推移

出所：図14-1と同じ。

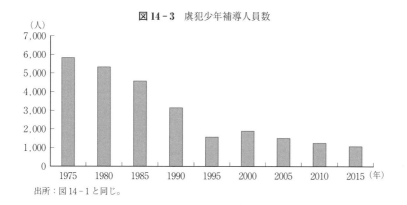

図14-3 虞犯少年補導人員数

出所：図14-1と同じ。

表14-1 過去10年における刑法犯少年の凶悪犯罪検挙人員の推移

	2006年	2007年	2008年	2009年	2010年	2011年	2012年	2013年	2014年	2015年
検挙数（人）	1,170	1,042	956	949	783	785	836	786	703	586

出所：警察庁生活安全局少年課「平成27年中における少年の補導及び保護の概況」2016年，を基に筆者作成。

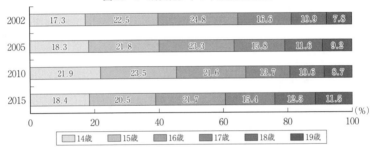

図14-4 刑法犯少年の年齢別構成割合

出所：内閣府編『平成28年版 子ども・若者白書』2016年，を基に筆者作成。

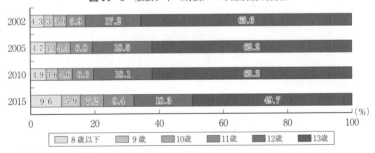

図14-5 触法少年（刑法）の年齢別構成割合

出所：図14-4と同じ。

　また，少年による凶悪犯罪については，表14-1の通りである。凶悪犯罪についてもここ3年減少傾向にあるのがわかる。

　マスコミ等が多くの少年犯罪を取り上げているが，今まで見てきた通り少年犯罪や少年による凶悪犯罪は増加していないということである。

　では，次に刑法犯少年の年齢別（図14-4）に見てみると，2015（平成27）

年度では16歳が最も多い。2010（平成22）年度は2015（平成27）年度に比べ，14歳，15歳の割合が多くなっているが，2002（平成14）年度から見ても14歳から16歳の割合が多いことに関して，ほとんど変化はない。一方，触法少年（図14-5）について見てみると，2015年は13歳が最も多いものの，年次推移から見ると12歳以下の占める割合が上昇傾向にあり，低年齢化が進んでいることがわかる。

（2）非行問題の背景

非行問題の背景として，さまざまな要因が考えられるが，現在のわが国の社会問題となっている「貧困」と「子ども虐待」が大きな要因になっていると考えられる。法務省による「少年矯正統計」を見ると2015（平成27）年度における少年院に収容された少年の約3割の生活環境が貧困であることを示している。「子ども虐待」については「児童養護施設入所児童等調査結果（平成25年2月1日現在）」を見ると児童自立支援施設に入所する58.5％の児童が施設に入所する前に何らかの虐待を受けていたことがわかる。また発達障害等何らかの障害を有している少年が児童自立支援施設には46.7％入所（児童養護施設入所児童等調査結果〔平成25年2月1日現在〕）しており，2015（平成27）年度に少年院に収容された少年のうち約3割（2015〔平成27〕年度少年矯正統計）は知的障害や精神障害等を有していることがわかる。

ここまで非行問題の背景について考えてきたが，非行には「貧困」による経済的な生活基盤の弱さや「子ども虐待」など不適切な養育環境など，家庭環境に関する問題が影響していることがわかる。そこに「障害」という子ども自身の問題が相まって，非行という問題をより複雑にしていることも考えられる。

もちろん「貧困」や「子ども虐待」において，その親だけを原因とするのではなく，親自身の成育歴や周囲の環境，社会から孤立しているような課題も抱えている。非行という問題もその家族だけの問題ととらえるのではなく，

地域社会の問題としてとらえていく必要があるのではないだろうか。

3 非行問題への対応

　非行問題への対応は，非行を行った少年を「犯罪少年」「触法少年」「虞犯少年」に分けた少年法と18歳未満で非行を行った少年を「要保護児童」とした児童福祉法をもとに行われる。その対応の一連の流れは図14-6の通りである。

（1）児童相談所における対応
　家庭環境に問題のある非行傾向のある子どもの対応は児童相談所が行う。触法少年や18歳未満の虞犯少年に関する相談（非行相談）が行われている。児童相談所において必要な調査を行い，子どもに対する指導とともに保護者に対しても指導を行う。子どもや保護者の状況を鑑み，場合によれば児童自立支援施設や児童養護施設に措置を行ったり，家庭裁判所への送致も行ったりすることがある。

（2）家庭裁判所における対応
　犯罪少年や児童福祉法の適用外である18歳以上の虞犯少年は少年法が適用され家庭裁判所で審判が行われる。家庭裁判所調査官が罪の重さや少年の状況などを調査し審判に必要な資料が作成される。また必要がある場合は，少年鑑別所に送致する観護措置がとられる。審判の内容として不処分，保護観察所での保護観察，児童自立支援施設等への送致，児童相談所への送致，少年院送致などがある。
　保護観察所での保護観察とは社会生活を通して少年が更生できるよう，保護観察官及び保護司が指導や支援を行うことである。

図14-6 非行傾向にある子どもへの福祉対応

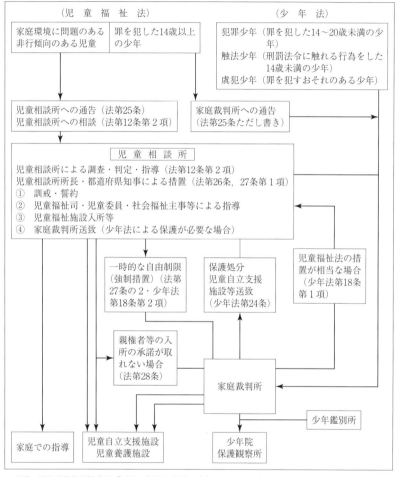

出所:厚生労働統計協会編『国民の福祉と介護の動向 2015／2016』2015年,105頁。

(3) 児童自立支援施設における対応

児童福祉法第44条で「不良行為をなし，又はなすおそれのある児童及び家庭環境その他の環境上の理由により生活指導等を要する児童を入所させ，又は保護者の下から通わせて，個々の児童の状況に応じて必要な指導を行い，

表14-2 少年院の種類と収容する対象

第1種少年院	心身に著しい障害がないおおむね12歳以上23歳未満の者
第2種少年院	心身に著しい障害がない犯罪的傾向が進んだおおむね16歳以上23歳未満の者
第3種少年院	心身に著しい障害があるおおむね12歳以上26歳未満の者
第4種少年院	少年院において刑の執行を受ける者

出所：裁判所「裁判手続 少年事件 Q&A 処分の種類」を基に筆者作成。

その自立を支援し，あわせて退所した者について相談その他の援助を行うこと」とその目的が規定されている。小舎制をとっており，家庭的な安心安全な環境のもとで規則正しい生活や学校教育，職業指導，生活支援を通じて「育てなおし」を行うことで，大切にされているという実感から「他者への信頼感」や「自立心」を養っている。

（4）少年院における支援

　少年院は，家庭裁判所から保護処分として送致されたおおむね12歳から26歳までの少年に対し，その健全な育成を図ることを目的として矯正教育，社会復帰支援等を行う施設である。表14-2の通り，4つの種類に分けられている。少年院での矯正教育は，少年一人ひとりの特性や教育上の必要性に応じて，目標や内容，実施方法等を個別に作成し計画的に実施している。その内容は，生活指導，職業指導，教科指導，体育指導及び特別活動指導から成り立っている。在院者の社会復帰が円滑に行われるよう，さまざまな関係機関と連携を図り，帰住先の確保や就労等の支援を積極的に行うことで社会復帰支援に力を入れている。

注
(1) 1997（平成9）年に兵庫県神戸市で発生した連続殺傷事件。当時14歳の中学生の少年が小学生2名を殺害した。
(2) 2015（平成27）年に神奈川県川崎市の河川敷で少年らの暴行によって，中学1年生の少年が殺害され遺体を遺棄された事件。

第14章　非行問題に関するサービス

参考文献

警察庁生活安全局少年課「平成27年中における少年の補導及び保護の概況」2016年（https://www.npa.go.jp/safetylife/syonen/hodouhogo_gaikyou/H27.pdf，2016年8月16日アクセス）。

厚生労働省雇用均等・児童家庭局「児童養護施設入所児童等調査結果（平成25年2月1日現在）」2015年（http://www.mhlw.go.jp/file/04-Houdouhappyou-11905000-Koyoukintoujidoukateikyoku-Kateifukushika/0000071184.pdf，2016年8月16日アクセス）。

厚生労働統計協会編『国民の福祉と介護の動向　2015／2016』2015年。

裁判所「裁判手続　少年事件Q&A　少年審判とその手続　処分の種類　少年院にはどのような種類があるのですか」(http://www.courts.go.jp/saiban/qa_syonen/index.html，2016年8月16日アクセス）。

櫻井奈津子編『保育と児童家庭福祉』みらい，2016年。

立花直樹・波田埜英治編著『児童家庭福祉論』ミネルヴァ書房，2015年。

内閣府編『子ども・若者白書　平成28年版』2016年（http://www8.cao.go.jp/youth/whitepaper/h28honpen/pdf_index.html，2016年8月16日アクセス）。

福田公教・山縣文治編著『児童家庭福祉』ミネルヴァ書房，2015年。

山縣文治『子ども家庭福祉論』ミネルヴァ書房，2016年。

第15章 これからの子ども家庭福祉のあり方

1 ソーシャルワークに関するグローバルな定義

これまで、ソーシャルワークの定義は、世界情勢を考慮し、直近では2000年、そして2014年に改正され、日本語訳が以下のように確定した。

「ソーシャルワークは、社会変革と社会開発、社会的結束、および人々のエンパワメントと解放を促進する、実践に基づいた専門職であり学問である。社会正義、人権、集団的責任、および多様性尊重の諸原理は、ソーシャルワークの中核をなす。ソーシャルワークの理論、社会科学、人文学、および地域・民族固有の知を基盤として、ソーシャルワークは、生活課題に取り組みウェルビーイングを高めるよう、人々やさまざまな構造に働きかける。この定義は、各国および世界の各地域で展開してもよい」。(2014年7月、IFSW〔国際ソーシャルワーカー連盟〕、社会福祉専門職団体協議会国際委員会、日本福祉教育学校連盟による日本語定訳)。

改正されたソーシャルワークの定義において、ソーシャルワーク専門職の中核となる任務は、社会変革、社会開発、社会的結束を促進するソーシャルワークであるとしている。それらは、社会的不利な状態に陥りやすく、そのSOSを出しにくい子どもやその家庭も対象に含まれる。つまり、こうした子どもやその家庭を取り巻く子どもの貧困や児童虐待等の社会問題の解決を図るミクロ(直接援助)だけにとどまらず、マクロレベル(社会変革に向けた

法改正や自治体での施策計画設計と実施等）の活動が，ソーシャルワークで必要とされている。

　子ども家庭福祉領域が確立したのも，ソーシャルワーク実践の子どもと親・保護者と彼らが生活する環境（家庭・地域・学校等）の関係性に着目したからである。そうした点からも，改めて現在子どもがその成長の過程で抱える問題の中で，子どもやその家庭が，家計を担う親の就労が不安定等といった経済的問題や，親の心身不調が続く等の精神保健的な課題を抱えている等が重要な位置を占めている。まさに生活困窮世帯への個別支援（ミクロ的な支援），地域での子どもの貧困への学習支援の展開（メゾ的な支援），国での貧困防止大綱の制定や制度の実体化への向けた自治体での整備（マクロ的な支援）等が進行している。改めてソーシャルワークのグローバル定義で，ワーカーに求められる方向性を確認しておきたい。

2　子ども家庭福祉のこれからのあり方

（1）子どもの権利

　児童の権利に関する条約（以下，子どもの権利条約）に1994（平成6）年にわが国は批准したが，児童の権利に関する規定がこれまでの児童福祉法にはなかった。第1章で前述した改正児童福祉法の第1条に，その児童福祉の理念として児童の権利が明記されたことは，非常に意味があることである。

1）子どもの権利侵害に取り組む第3者組織

　子どもの権利条約批准以降，子どもの声を聴き，子どもの権利侵害解決に取り組む第三者組織の存在が重視されてきた。わが国では，1999（平成11）年に兵庫県川西市が「子どもの人権オンブズマンパーソン」を設置したのが最初で，その後，神奈川県川崎市，埼玉県等その後30の自治体が第三者組織を設けている（子どもの権利条約総合研究所資料「子ども条例に基づく子どもの相談・救済機関〔公的第三者機関〕一覧，2016年9月現在」）。教育や福祉の研究者，弁護士

らが「オンブズパーソン」「擁護委員」「救済委員」に任命され，そして相談員等を配置する場合もある。いずれにしても，子どもや家族からの相談を受けて助言や関係機関や相手方と「調整」するのが役割である。そして，申し立てがあった場合は条例に基づき調査し，深刻な場合は，「勧告」していく。

ただこうした救済機関は，自治体レベルの取り組みである。困難な状況下でも，SOSを出せない子ども当事者の権利を代弁尊重し，彼らの権利侵害を守るためにも，一定の協議に時間を要するが，今後第三者性をもった横断的な内容を含む，国としての対応が求められる。

2）児童福祉法における対象年齢

児童の権利に着眼して，その自立を検討する際に，児童福祉法での児童の年齢も合わせて留意しておきたい。現在18歳の選挙権実施に関連し，成人年齢の引き下げが検討されている。ただ養育上の課題があり，支援を受けている児童の多くは，自立に向けた支援を提供してくれる家庭を持たず，社会的な支援を必要としており，その状況は，成人年齢を引き下げても，自立への困難さは変わるものではない。

2016（平成28）年の法改正では，被虐待児童の自立に関連し，自立援助ホームで生活する児童においては，22歳の年度末までの間の大学等就学中の者を対象とすることとなった。改めて，要保護児童対策地域協議会等の見守り支援はあるが，在宅における困難な養育環境の下で生活する児童の自立への支援には，社会資源も乏しい。市町村での若者支援制度との引き継ぎ等も加味して，児童福祉法の対象となる年齢についても，留意しておきたい。

（2）子どもへの貧困対策

子どもが安心安全に育ち育てられる環境を整備することは，子どもの権利を守る上で根本となる。しかし，子どもの貧困は，「愛され，育ち，教育を受ける権利」の侵害となり，人権尊重の点からも，深刻な課題として認識されている。

1）子どもの貧困対策

2009（平成22）年に「給食のない夏休みに体重の減る子供がいる」というインパクトのある本の帯がついた子どもの貧困白書編集委員会編「子どもの貧困白書」が発行された。著者が現場で見た105人にも及ぶ子どもの貧困の実態を豊富なデータの裏づけとともに，社会に対する注意喚起を促した。その後，『子供・若者白書 平成22年度版』（平成21年度までは，青少年白書）に，「子供の貧困」が節立てで挙げられ，OECDの計算式で相対的貧困が算出された。それ以降毎年，同白書で，その推移が確認されていった。

2013（平成25）年5月に子どもの貧困対策の推進に関する法律が成立し，2014（平成26）年1月に施行された。8月に「子供の貧困対策に関する大綱」が，閣議決定された。その目的は，第1に子供の将来がその生まれ育った環境によって左右されることのないよう，また，貧困が世代を超えて連鎖することのないよう，必要な環境整備と教育の機会均等を図る，第2にすべての子供たちが夢と希望を持って成長していける社会の実現を目指し，子供の貧困対策を総合的に推進する，とされている。そのための当面の重点施策として，「教育の支援」「生活の支援」「保護者に対する就労への支援」「経済的支援」「子供の貧困に関する調査研究等」「推進体制」が挙げられ，目標指標が設定された。

2）推進体制

国では，以下の会議を実施し，地方公共団体で計画策定等の取り組み，調査研究においては，各地で実践されている取り組み事例や指標の経過等の報告，子供の未来応援国民運動，子供の未来応援基金，その他（東京・大阪での子どもの貧困対策フォーラム〔2016［平成28］年3月開催〕）等の多層的な展開が進められた。[2]

会議では子どもの貧困対策に関する検討会，子どもの貧困対策会議，子どもの未来応援基金事業審査委員会，子どもの貧困対策に関する有識者会議が開催されている。

都道府県，政令指定都市による，「都道府県子どもの貧困対策計画の策定状況」では，2016（平成28）年5月時点として，他の総合計画に含められた内容も一部含まれているが，概ね各都道府県，政令指定で策定されている。具体的な計画については，内閣府ホームページ「子どもの貧困対策」より確認できる。

3）子どもの貧困対策有識者会議

2015（平成27）年8月の子どもの貧困対策会議で，子どもの貧困対策有識者会議の開催が決定され，2016（平成28）年7月に第1回有識者会議が開催された。この会議の趣旨は，子どもの貧困対策の推進に関する法律第8条に基づく，子どもの貧困対策に関する大綱に掲げられている施策の実施状況や対策の効果等を検証・評価し，子どもの貧困対策についての検討を行うための仕組みとしての会議である。本会議では，「子供の貧困の状況及び子供の貧困対策の実施状況について」の報告と，内閣府での2016（平成28）年度の取り組みが報告され，文部科学省，厚生労働省の「子供の貧困対策関連予算（平成28年度等）」が報告された。

2015（平成27）年度の「子供の貧困の状況と子供の貧困対策の実施状況」については，「子どもの貧困対策の推進に関する法律」第7条で，政府は毎年1回子どもの貧困の状況と子どもの貧困対策の実施の状況を公表することとなり，報告された。その中で「生活保護世帯に属する子供の高等学校等進学率」は，全体枠では大綱策定時90.8％が，92.8％と直近データにおいて，増加している。「生活保護世帯での高校中退率」は，同じく5.3％から4.7％と減少し，スクールソーシャルワーカーの配置数も，1,008人が1,186人と増員されている。今後も経年の推移を見守っていく必要がある。

4）子どもの貧困対策を推進する上での課題

第1に，子どもの貧困問題を正しく理解することが重要である。当事者の子どもの親や家庭が，抱えた貧困状態を自身で解決することは難しい。また社会通念による当該家庭への偏見が要因となって，SOSを出しにくい問題

であることを改めて認識し，多層的な推進体制とその進捗経過の周知が必要である。

　第2には，多面的な取り組みが何層にも必要であるとの認識が共有されているが，自治体での窓口の一本化が求められている。これまで指摘したように，家計の担い手の就労への定着や経済対策，親の精神面の課題等への対応，子どもの貧困の連鎖を断ち切るための，学習支援や子どもの居場所の支援等，実に多領域に横断する課題を包摂している。取り組む自治体において，個別事業の実施等を一本化していく段階で，担当部署等の確定が円滑に進まない現状もある。当該自治体の状況にもよるが，子ども・若者課部署等による対応や自治体政策担当部署による総合的な観点からとらえた施策の立案等の多様な取り組み・実施の一本化を推進する必要がある。

（3）社会的養育のあり方

　児童福祉法第5条に妊産婦がその対象と規定されている。それは子どもが生まれるまでの妊娠期間から支援が始まることを意味する。支援を利用する当事者（個人）は，産科医療や助産現場をはじめとし，母子保健から子育て支援・保育・学校教育（小・中の義務教育からの高校やその後の大学を含む高等教育），そして就職し自立するまでに，実に多くの生活段階を経ていくことになる。

　妊娠期から妊産婦（親）とその子どもを含めた当該家庭における支援には，基本的なサービスとなるポピュレーションアプローチから家庭養育上の切れ目で生じるさまざまな問題やリスクへの対応も含んでいる。まさに産科医療や母子保健での妊娠届け出から子どもの自立までに遭遇する課題をアセスメントし，その問題に応じた個別の支援を引き継いでいく，多職種連携が求められる（図15-1参照）。

　国では，2016（平成28）年の改正児童福祉法等の進捗状況を把握しつつ，「新たな子ども家庭福祉」の実現に向けた制度改革全体を鳥瞰しつつ，新た

第15章　これからの子ども家庭福祉のあり方

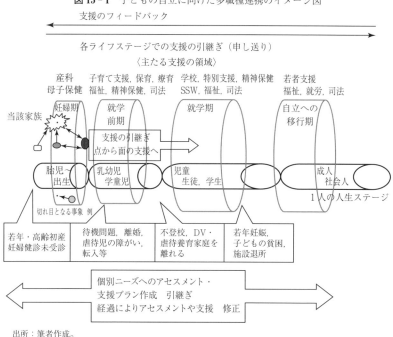

図15-1　子どもの自立に向けた多職種連携のイメージ図

出所：筆者作成。

な社会的養育の在り方の検討を行った。併せてこれまでの「社会的養護の課題と将来像」(2011〔平成23〕年7月）を全面的に見直す」とした趣旨の下，2016（平成28）年7月29日に雇用均等・児童家庭局は，「社会的養育の在り方検討会」とその傘下にワーキンググループを設置し検討を展開している。

本項では，社会的養育のあり方について，以下の3点を挙げて考察する。

1）家庭養育のとらえ方

児童の自立に向けて，その家庭養育が原則となっている。ただ養育家庭が，その生活上で多くの課題やリスクを抱えて，家族から分離され代替的養育を受ける子どもへの適切なケアの保障は，子どもの権利保障の観点から最重要課題の一つであり，公的責任において実現されねばならない。また児童養護施設等の施設入所や里親委託等家庭養護現場における代替的養育の実践にお

ける質の向上は，措置対応における家庭への公的介入と家族支援の前提でもある。

改正児童福祉法第3条の2には，「児童を家庭において養育することが困難であり又は適当でない場合にあつては児童が家庭における養育環境と同様の養育環境において継続的に養育されるよう，児童を家庭及び当該養育環境において養育することが適当でない場合にあつては児童ができる限り良好な家庭環境において養育されるよう，必要な措置を講じなければならない」と良好な家庭環境での養育を規定している。

こうした観点から，里親委託の推進，児童養護施設の小規模化などは喫緊の課題であるが，現在の制度対応では未だ十分とは言えない。一時保護所の環境整備も急務である。これらの諸施策を一層強化することと，里親制度の充実強化，特別養子縁組制度の子どもの福祉の観点からの見直しと施設（一時保護所を含む）の小規模化と機能強化が必要である。

さらに当該児童にとっての家庭養育の環境という視点も尊重した継続支援となる「家庭環境と同様の養育環境」の明確化を検討していくことが重要である。

2) 市区町村における児童等への支援拠点と児童相談所の役割強化

① 市区町村における児童等への支援拠点

子どもと家族の生活は地域を基盤に営まれる。したがって，子ども家庭福祉は地域社会の中で展開される必要があり，地域において社会資源と支援拠点が十分に整備され，市区町村が子ども家庭支援と機関連携の要として十分に機能することが不可欠である。

2004（平成16）年の児童福祉法改正で，市区町村において，子育て支援事業とその相談窓口としての対応が行われてきたが，十分とは言えない状態で，自治体間格差も生じている。そこで，この方向を強化するために，社会資源と地域子ども家庭支援拠点の整備，それを通じた在宅での支援の強化，これらを可能にする財政的支援等の基盤体制整備，専門職配置等の制度改革が求

第15章 これからの子ども家庭福祉のあり方

められている。

現行の検討会の議論では，市区町村での子ども等への支援拠点の設置を提案されている。この支援拠点は，要支援児童及び要保護児童とその家庭等を対象に，通所・在宅支援のケースを中心としたより専門的な相談対応や必要な調査，訪問等による継続的なソーシャルワーク等の支援を行う機能を有した拠点であり，子どもが心身ともに健やかに育成されるよう支援を展開することが期待されている。こうした支援拠点の位置づけについては，母子保健法に法定化された母子健康包括支援センターや現行の要保護児童対策地域協議会との役割分担等が，整理される必要がある。

市区町村の基盤強化と支援機能の拡大に伴って，各関係機関の機能の再整理と役割の明確化，それに沿った機能強化が不可欠である。

② 児童相談所の役割強化

児童相談所は，子ども虐待対応で，強制的な権限を行使して保護者と対峙してでも子どもの命を守るといった「子どもへの保護役割」と，親・保護者に寄り添って今後の養育改善を促すという支援役割を同時に求められてきた。今回の法改正以降の「社会的養育の在り方検討会」は，この二面的な役割を再検討し，支援的な役割については，子ども家庭に寄り添った支援・調整機能を市区町村がより中心となって担う方向で取り組みを進める必要があるとして，前述した市町村での基盤整備や支援機能の拡大を不可欠として検討されている。

従来，児童相談所は子ども・家庭の養育上のニーズへの対応中心となる業務を行ってきたが，虐待通告数が毎年大きく増大している現状において，対応の限界にきており，機能強化が優先課題となっている。保護機能と支援機能を同一機関が担うことによって，保護後の保護者との関係を考慮するあまり必要な保護が躊躇され，場合によっては，子どもの死亡に至るといった事態が生じている点は，国が実施する重大事例検証委員会報告書においても指摘されている。

一方で親の意向に反した一時保護を行った結果，その後の支援が円滑に進まないという事態も従来指摘されてきた。児童相談所が有する通告受理，調査，評価，一時保護・アセスメント，措置等の機能に関して，高度に専門的な機関としての重責を担うためには，一連の児童相談所機能について，抜本的な見直しが必要であると，「新たな子ども家庭福祉のあり方に関する専門委員会報告」において，指摘されている。増大する虐待通告に対応する一方で，子どもの死亡や児童に重篤な障害を残す等，重大な結果に至る事態を減少させるためには，司法的な介入の担い手の弁護士の配置による，機能強化が必要となった。

　今後，重症度・緊急度に応じて対応できる体制を整備し，立入調査や臨検捜索などの法的な権限行使が必要となる事例に法的過誤なく対応するための専門的なチームを養成することも必要となる。さらに，虐待やいじめ等にまつわる加害・被害問題も踏まえて，子どもの安全・安心確保をし得る保護・介入的なソーシャルワークを行い，支援を行う体制も必要だと考える。

　児童相談所の専門性の強化では，専門職チームとして対応できる子ども・家庭への適切なアセスメント機能と，支援機関連携のマネジメント機能であり，これを遂行し得る専門性の確保である。そのためには，中核的な役割を担う児童福祉司の専門性の担保が不可欠であり，その研修体制についても，厚生労働省雇用均等・児童家庭局が実施する「子ども家庭福祉人材の専門性確保ワーキング」で検討されている。

（4）スクールソーシャルワーカーの活用

　教育現場である学校で働く社会福祉職のスクールソーシャルワーカー（SSW）の役割が注目されている。その定義，活動のあゆみ，現状と課題，さらに，注目する展開について説明する。

1）定　　義

　文部科学省の定義では，スクールソーシャルワーカーは，「問題を抱えた

児童生徒に対し，当該児童生徒が置かれた環境へ働き掛けたり，関係機関等とのネットワークを活用したりするなど，多様な支援方法を用いて，課題解決への対応を図っていくこと」とされている（文部科学省「スクールソーシャルワーカー活用事典」2008年）。

ソーシャルワーカーは，学校という教育現場で関わる児童・保護者・学校教職員や児童相談所等とともに，子どもが関わる問題解決を進めていく専門職と言える。

2）スクールソーシャルワーカー活用事業のあゆみ

スクールソーシャルワーカー事業とは，2008（平成20）年より文部科学省が「スクールソーシャルワーカー活用事業」を調査研究事業と位置付け，国庫委託事業として開始し，全国的に事業化したものである。その中核となり，推進した山野らの活動もあり，大阪府等の先駆的自治体の取り組み以降，文部科学省発表（2008年）では，ほとんどの都道府県で実施されていた[3]。

文部科学省ではSSW活用事業を実施していく趣旨として，「いじめ，不登校，暴力行為，児童虐待など生徒指導上の課題に対応するため，教育分野に関する知識に加えて，社会福祉等の専門的な知識・技術を用いて，児童生徒の置かれた様々な環境に働き掛けて支援を行う，スクールソーシャルワーカーを配置し，教育相談体制を整備する」としている。

3）現　状

スクールソーシャルワーカー活用事業実施要領（平成25年4月1日初等中等教育局長決定）から，職務の位置づけとなる，実施主体と選考について確認する。

① 実施主体

本事業の実施主体は，都道府県・指定都市・中核市とする。また，間接補助事業として行う場合は，市町村（特別区及び市町村の組合を含む。以下同じ。）とする。

表15-1 SSW配置状況

区分＼年度	平成20年度	平成21年度	平成22年度	平成23年度	平成24年度	平成25年度	平成26年度	平成27年度
予算額	1,538百万円	14,261百万円の内数	13,092百万円の内数	9,450百万円の内数	8,516百万円の内数	355百万円	394百万円	647百万円
予算上の積算人数	141地域	1,040人	1,056人	1,096人	1,113人	1,355人	1,466人	2,247人 プラス貧困対策重点加配600人
SSW実人数	944人	552人	614人	722人	784人	1,008人	1,188人	

注：(1) スクールソーシャルワーカー活用調査研究委託事業（平成20年度）――国の全額委託事業（10/10）
(2) スクールソーシャルワーカー活用事業（平成21年度～22年度）――都道府県・指定都市に対する補助事業（補助率1/3）
(3) スクールソーシャルワーカー活用事業（平成23年度～）――都道府県・指定都市・中核市に対する補助事業（補助率1/3）
出所：文部科学省初等中等教育局 児童生徒課「学校における教育相談に関する資料」2015年12月17日。

② スクールソーシャルワーカーの選考（職務内容や資格）

スクールソーシャルワーカーとして選考する者について，社会福祉士や精神保健福祉士等の福祉に関する専門的な資格を有する者が望ましいが，地域や学校の実情に応じて，福祉や教育の分野において，専門的な知識・技術を有する者又は活動経験の実績等がある者のうち，次の職務内容を適切に遂行できる者とする。

- 問題を抱える児童生徒が置かれた環境への働き掛け
- 関係機関等とのネットワークの構築，連携・調整
- 学校内におけるチーム体制の構築，支援
- 保護者，教職員等に対する支援・相談・情報提供
- 教職員等への研修活動

スクールソーシャルワーカー配置人数等については，表15-1に示す通りで，着実に増加している。2015（平成27）年度は，生活困窮者対策支援の一環として，重点加配配置がなされた。山野らはじめこれまでのSSW実践と

研究者のエビデンスが認識され，「チームとしての学校」[4]の一員にSSWが認知されてきたからだと言える。

図15-2に示すように小中学校における調査では，スクールソーシャルワーカーの必要性にかかる意識も約75％が，必要性を感じるという結果であり，着実にその役割が認識されていると言える。

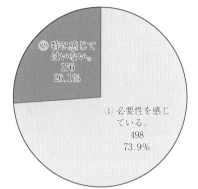

図15-2 SSWについて（必要性に係る意識）

注：調査対象学校（小中校等学校）（N＝674）。
出所：表15-1と同じ。

4）スクールソーシャルワーカーがより効果的な役割を担うための課題

スクールソーシャルワーカー実務に携わる実践家・スーパーバイザーや研究者による具体的な対応テキスト[5]等も整備され，多面的なSSW実践場面への理解を進められている。その基本知識の中で，金澤は，SSWの視点は，チーム対応をする中で「問題そのものを『学校の外に開く』性質を持つことに特徴があります」としている。こうしたSSWの視点を踏まえると，学校での問題を把握する上で，学校内の多職種の調整（教職員，学校医，スクールカウンセラー，SSWの学校内の関係者）と問題解決に向けて，必要に応じて学校外の他機関との連携を要する専門職である。学外の他機関には，虐待対応における児童相談所，子どもの貧困や経済問題に対応する際の福祉事務所，児童の発達問題や親の精神保健問題対応での医療機関等，保護者の就労支援機関等まさに就学前後からの多職種連携を展開する「チームとしての学校」対応を推進する実践者としての役割を担うことになる。

こうした専門性を発揮する上で，まさに今後質・量の拡充が求められ，その職務に応じた待遇の整備も不可欠である。

さらにこうした児童の継続支援を展開する上で，児童の放課後を支援する

「夕刻を支える場」[6]の実践の蓄積は，非常に重要な展開だと考える。学童期の児童の居場所に留まらず，妊産婦，就学前の子どもとその家庭においても，各地での夕刻を支える場とその支援のネットワークが定着することが求められている。

子ども家庭福祉のこれからのあり方を考える際の重要な視点として，子どもの権利のとらえ方，子どもの貧困対策，スクールソーシャルワークの活用，社会的養育のあり方を取り上げて検討した。

子どもが生活する家庭の多様なあり方の中で，主体となる子どもの権利を尊重し，その基本的な権利を脅かす子どもの貧困や子ども虐待防止対策は急務である。同時に家庭で養育を担う親への支援や，社会的養護の状況下にある子どもの家庭的養育のあり方の検討もますます重要となる。

さらに児童虐待対応のみならず発生予防に真摯に取り組み，次代を担うすべての子どもとその家庭を視野に入れた養育環境はじめ諸問題の解決には，適切なアセスメント・個別に応じた支援計画作成と実践の蓄積が重要である。そして子どもやその家庭の身近な生活の場となる当該自治体で，地域や行政・民間専門職の多職種連携による一体的な継続支援体制の構築が求められている。

注
(1) 川西市「子どもの人権オンブズパーソン」(http://www.city.kawanishi.hyogo.jp/shimin/jinken/kdm_onbs/，2016年9月20日アクセス)。
(2) 内閣府「子どもの貧困対策」(http://www8.cao.go.jp/kodomonohinkon/index.html，2016年9月20日アクセス)。
(3) 文部科学省初等教育局児童生徒課生徒指導第一係「スクールソーシャルワーカー実践活動事例集」2008年12月。
(4) 2014（平成26）年7月，文部科学大臣から「これからの学校教育を担う教職員やチームとしての学校の在り方について」諮問を受けた文部科学省中央教育審議会は，2015年12月「チームとしての学校の在り方と今後の改善方策について」を答申としてまとめた。

答申の「はじめに」で,「学校においても,子供を取り巻く状況の変化や複雑化・困難化した課題に向き合うため,教職員に加え,多様な背景を有する人材が各々の専門性に応じて,学校運営に参画することにより,学校の教育力・組織力を,より効果的に高めていくことがこれからの時代には不可欠である」と述べられている。

　答申の2.「チームとしての学校」の在り方の①専門性に基づくチーム体制の構築(学校の協働の文化)でスクールソーシャルワーカーも看護師やスクールカウンセラー等とともにチームとしての学校の一員として受け入れるとされている。

(5)　金澤ますみ・奥村賢一・郭理恵・野尻理恵編『スクールソーシャルワーカー実務テキスト』学事出版,2016年。
(6)　金澤ますみ「学校から「夕刻を支える場」へ」『月刊生徒指導』2月号,2016年,56-57頁。

参考文献

厚生労働省社会保障審議会児童部会「新たな子ども家庭福祉のあり方に関する専門委員会」報告(提言)2016年3月10日。

厚生労働省「新たな社会的養育の在り方に関する検討会」資料(http://www.mhlw.go.jp/stf/shingi/other-koyou.html?tid=370523,2016年9月25日アクセス)。

文部科学省初等中等教育局長決定「スクールソーシャルワーカー活用事業実施要領」2017年4月1日。

内閣府「子供の貧困対策」(http://www8.cao.go.jp/kodomonohinkon/index.html,2016年9月20日アクセス)。

社会福祉専門職団体協議会(社専協)「ソーシャルワーク専門職のグローバル定義(日本語訳)」(http://www.japsw.or.jp/international/ifsw/global-definition-of-sw-jp.pdf,2016年9月15日アクセス)。

山野則子『エビデンスに基づく効果的なスクールソーシャルワーク――現場で使える教育行政との協働プログラム』明石書店,2015年。

索　引

あ　行

あたりまえの生活　116
アフターケア　118, 154
アリエス, フィリップ　1
育児・介護休業法　→育児休業, 介護休業等育児又は家族介護を行う労働者の福祉に関する法律
育児休業, 介護休業等育児又は家族介護を行う労働者の福祉に関する法律　60
育成相談　72
医師　98
石井十次　39
石井亮一　40
1号認定子ども　203
一時預かり事業　176
1.57ショック　171
糸賀一雄　43
ウェルビーイング　5
ウェルフェア　5
運営指針　114
エリザベス救貧法　47
エンゼルプラン　172
延長保育事業　177
応益負担　87
応能負担　87
近江学園　43
オーエン, ロバート　48
岡山孤児院　39
オンブズパーソン　222, 223

か　行

回復を目指した支援　117
学童保育　180
家族再統合　154
家庭と連携・協働　118
家庭学校　39
家庭裁判所　75, 103, 216
　──調査官　97, 99, 216
家庭児童相談室　73, 93
家庭相談員　93
家庭的養護　116
寡婦　145
看護師　98
虐待死　110
虐待相談受付対応件数　109
救護法　41
教育　197
　──機関　102
苦情解決制度　105
虞犯少年　210
ケア単位の小規模化　119
継続的支援　118
権利侵害　143
合計特殊出生率　22
工場法　48
厚生労働省　69
国際家族年　8
国際児童年　50
国際障害分類　→ICIDH
国際生活機能分類　→ICF

237

国民生活基礎調査　139
国民総生産　31
子育て援助活動支援事業　176
子育てサークル　177
子育てサポート企業　59
子育てサロン　178
子育て支援　171
　　――員　101
子育て世代包括支援センター　165, 174
子育て短期支援事業　176
子育て不安　30
国庫補助金　84
子ども・子育て応援プラン　173
子ども・子育て会議　70, 175
子ども・子育て関連三法　173
子ども・子育て支援新制度　62, 174
子ども・子育て支援法　3, 62, 194
子ども・子育てビジョン　173
子ども会　181
子ども家庭福祉　5, 7
　　――の枠組み　9
子ども虐待　30, 45
　　――対応の手引き　124
子ども等への支援拠点　229
子どもの権利委員会　104
子どもの権利条約　→児童の権利に関する条約
子どもの最善の利益　7
子どもの貧困　31, 45, 146
子どもの貧困対策　224, 225
　　――に関する大綱　46
　　――の推進に関する法律　67
　　――有識者会議　225
子どもを守る地域ネットワーク　131
個別化　116
コルチャック, ヤヌシュ　50

さ行

サテライト型　154
里親　100
　　――・里親ファミリーホーム委託の推進　119
　　――委託の推進　228
　　――による虐待　106
3号認定子ども　204
支給認定証　203
思春期保健対策　164
次世代育成支援対策施設整備交付金　84
次世代育成支援対策推進法　58, 173
施設型給付　198
施設内虐待　106
市町村　71
市町村保健センター　74, 160
児童委員　100
児童買春, 児童ポルノに係る行為等の規制及び処罰並びに児童の保護等に関する法律　2, 65
児童家庭支援センター　76, 83
児童館　179
児童虐待の防止等に関する法律　46, 63, 123
児童虐待防止法　→児童虐待の防止等に関する法律
児童憲章　12
児童権利宣言　13, 50
児童厚生員　96
児童厚生施設　76, 82, 179
児童指導員　95
児童自立支援施設　76, 215, 217
児童自立支援専門員　97
児童自立生活援助事業　113
児童心理司　97
児童心理治療施設　76

索　引

児童生活支援員　97
児童相談所　42, 71, 216
　　——の役割強化　229
児童手当法　3, 44, 57
児童入所施設措置費　85
児童の遊びを指導する者　96
児童の権利に関する条約　5, 8, 12, 37, 50, 104, 222
児童買春・児童ポルノ禁止法　→児童買春，児童ポルノに係る行為等の規制及び処罰並びに児童の保護等に関する法律
児童発達支援センター　76
児童福祉司　42, 91
児童福祉施設　199
児童福祉施設最低基準　43
児童福祉審議会　71, 105
児童福祉法　2, 14, 42, 185, 211
児童福祉六法　56
児童扶養手当法　3, 44, 57, 151
児童遊園　179
児童養護施設　76
　　——の小規模化　228
社会事業法　41
社会的養護　109
　　——施設　110
　　——の課題と将来像　153
社会福祉士　92
社会福祉施設整備補助金　84
社会福祉主事　92
社会保障審議会　69
　　——児童部会　131
就職支援ナビゲーター　149
就労曲線　157
恤救規則　39
出生動向基本調査　24
受動的権利　2, 8

主任児童委員　100
ジュネーブ宣言　13, 49
障害児　111
　　——相談支援給付費　86
　　——通所給付費　86
　　——入所給付費　86
　　——入所施設　76
　　——福祉手当　193
障害者基本法　185
障害相談　72
生涯未婚率　24
小規模分園型母子生活支援施設　154
少子化　45, 171
　　——社会対策基本法　173
　　『——社会対策白書』　26
小児慢性特定疾病医療費　166
少年院　218
少年教護法　41
少年犯罪　212
少年法　3, 211
少年補導員　101
触法少年　210
助産施設　76, 82
自立援助ホーム　56, 223
自立支援　116
人員配置　114
新エンゼルプラン　172
進学　112
親権喪失等の制度　53
親権の喪失・停止　103
人口置換水準　23
人口動態統計　23
新生児訪問指導　163
新生児マス・スクリーニング検査　162
身体障害者手帳　188
身体障害者福祉法　186

239

心理的虐待　143
スクールソーシャルワーカー　231, 232
健やか親子21　167
生活困窮　140
　　——者対策支援　232
精神障害者保健福祉手帳　188
精神保健及び精神障害者福祉に関する法律　187
世代間連鎖　144
全国母子世帯等調査　138
戦災孤児　178
捜索　103
相対的貧困率　31, 140
ソーシャルワークのグローバル定義　222
措置延長　113

た 行

待機児童　206
　　——解消加速化プラン　207
第三者評価　154
　　——制度　105
滝乃川学園　40
男女共同参画社会基本法　59
地域型保育給付　198
地域型保育事業　202
地域子育て支援拠点事業　175
地域子ども・子育て支援事業　62
知的障害者福祉法　187
地方交付税交付金　84
低出生体重児の届け出　163
寺子屋　38
特別児童扶養手当　193
　　——等の支給に関する法律　3, 57
留岡幸助　39
ドメスティック・バイオレンス　143

な 行

内閣府子ども・子育て本部　70
ニィリエ　183
2号認定子ども　204
乳児院　76
乳児家庭全戸訪問事業　163, 176
乳幼児健康診査　162
乳幼児死亡　158
妊産婦健康診査　160
認証保育所　200
認定こども園　174, 198, 200
ネウボラ　168
能動的権利　2, 8
野口幽香　40
ノーマライゼーション　183

は 行

配偶者からの暴力の防止及び被害者の保護等に関する法律　64
配偶者暴力相談支援センター　75, 143
売春防止法　64
発達障害者支援法　65, 187
発達の保障　116
パットナム，ロバート　8
バーナードホーム　48
母親クラブ　181
ハローワーク　149
バーンアウト　119
バンク−ミケルセン　183
晩婚化　23
犯罪少年　209
被虐待児童の自立　223
非行少年　209
非行相談　72
非行問題　215, 216

索　引

非婚化　23
非正規雇用　140
被措置児童等虐待対応ガイドライン　106
悲田院　37
ひとり親家庭　137
病児保育事業　177
ファミリー・サポート・センター事業　→子育て援助活動支援事業
福祉事務所　73
福祉専門職　91
父子世帯数　138
父子福祉資金　152
婦人相談員　93
婦人相談所　75
婦人保護施設　83
二葉幼稚園　40
フロイト，アンナ　5
ペコラ，ピーター　35
弁護士　99
保育　197
保育教諭　95, 201
保育サービス　197
保育士　96
保育所　76, 82, 198
　　──等整備交付金　84
　　──保育指針　45
保育短時間利用　205
保育認定　203
保育標準時間利用　205
放課後子供教室　180
放課後子ども総合プラン　180
放課後児童健全育成事業　180
法務教官　97, 99
保健衛生調査会　159
保健師　98
保健所　74, 102

保健センター　102
保健相談　72
保護観察所　216
保護司　101
保護処分　218
母子及び父子並びに寡婦福祉法　3, 56, 137
母子家庭等就業・自立支援センター　149
母子家庭等自立支援対策大綱　146
母子健康センター　159
母子健康手帳　58, 160
母子健康包括支援センター　54, 75, 164, 168
母子支援員　96
母子生活支援施設　76, 153
母子世帯数　138
母子福祉法　44
母子父子寡婦福祉資金貸付　151
母子・父子自立支援員　146
母子・父子自立支援プログラム策定員　149
母子・父子福祉施設　83
母子保健コーディネーター　164
母子保健法　44, 54, 157
母性　157
ポピュレーションアプローチ　226
ホワイトハウス会議　49

ま　行

マタニティマーク　164
マードック，ジョージ・ピーター　34
マルトリートメント　126
未婚化　23
未熟児への養育医療　166
未熟児訪問指導　163
未成年後見制度　53
3つの"間"の消失　20
民生委員　100
無認可保育所　199

241

面会交流　151
面前DV　143

や行

養育支援訪問　163
　　——事業　176
養育指針　114
養育専門相談員　151
養育費　149
　　——相談支援センター　150
養護相談　72
幼稚園　198, 200
要保護児童　14, 211
　　——対策地域協議会　131
幼保連携型認定こども園　76, 82, 96
予防接種　165

ら行

ライフサイクルを見通した支援　118

離婚理由　143
療育手帳　188
利用者支援事業　175, 208
利用者支援事業の母子保健型　165, 168
利用調整　206
臨検　103
ルソー　48
連携アプローチ　118

欧文

DV　→ドメスティック・バイオレンス
DV防止法　→配偶者からの暴力の防止及び
　被害者の保護等に関する法律
GDP　→国民総生産
ICF　184
ICIDH　184

執筆者紹介（所属，執筆分担，執筆順，＊は編者）

＊遠藤　和佳子（えんどう　わかこ）（編者紹介参照：第1章・第2章・第8章）

近棟　健二（ちか　むね　けん　じ）（種智院大学人文学部教授：第3章・第11章）

福田　公教（ふく　だ　きみ　のり）（関西大学人間健康学部准教授：第4章・第5章）

谷口　純世（たに　ぐち　すみ　よ）（愛知淑徳大学福祉貢献学部教授：第6章・第7章）

中島　尚美（なか　しま　なお　み）（大阪市立大学生活科学部特任准教授：第9章）

中川　千恵美（なか　がわ　ち　え　み）（大阪人間科学大学人間科学部教授：第10章・第15章）

小口　将典（お　ぐち　まさ　のり）（関西福祉科学大学社会福祉学部准教授：第12章）

榎本　祐子（え　もと　ゆう　こ）（びわこ学院大学教育福祉学部講師：第13章）

谷　俊英（たに　とし　ひで）（大阪大谷大学人間社会学部講師：第14章）

編著者紹介

遠藤和佳子（えんどう・わかこ）
1996年　関西学院大学大学院社会学研究科博士課程前期課程社会福祉学専攻修了。
現　在　関西福祉科学大学社会福祉学部教授。
主　著　『児童福祉論』（編著）ミネルヴァ書房，2006年。
　　　　『児童家庭福祉分析論』（共著）学文社，2012年。
　　　　『相談援助実習ハンドブック』（共著）ミネルヴァ書房，2014年。

はじめての子ども家庭福祉

2017年4月10日　初版第1刷発行　　　　　　〈検印省略〉
2022年1月30日　初版第3刷発行

定価はカバーに
表示しています

編 著 者　　遠　藤　和佳子
発 行 者　　杉　田　啓　三
印 刷 者　　坂　本　喜　杏

発行所　株式会社　ミネルヴァ書房
607-8494　京都市山科区日ノ岡堤谷町1
電話代表　（075）581-5191
振替口座　01020-0-8076

©遠藤和佳子ほか，2017　冨山房インターナショナル・新生製本

ISBN 978-4-623-08012-0
Printed in Japan

相談援助実習ハンドブック

関西福祉科学大学社会福祉実習教育モデル研究会 編
Ｂ５判／280頁／本体3000円

保育実践に求められるソーシャルワーク

橋本好市・直島正樹 編著
Ａ５判／236頁／本体2500円

グローバルスタンダードにもとづくソーシャルワーク・プラクティス

北島英治 著
Ａ５判／236頁／本体3200円

福祉職員研修ハンドブック

津田耕一 著
Ａ５判／198頁／本体2000円

福祉現場OJTハンドブック

津田耕一 著
Ａ５判／258頁／本体2800円

ジェネラリスト・ソーシャルワークにもとづく社会福祉のスーパービジョン

山辺朗子 著
Ａ５判／224頁／本体2500円

― ミネルヴァ書房 ―

http://www.minervashobo.co.jp/